旅游产业创新与发展丛书

旅游者的
社会责任消费

游喜喜◎著

TOURISTS'
SOCIALLY
RESPONSIBLE
CONSUMPTION

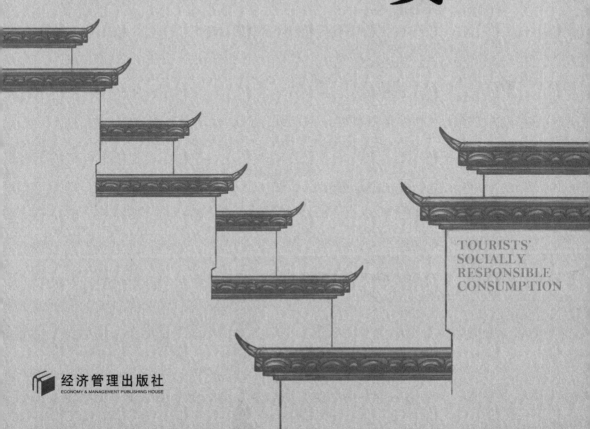

经济管理出版社
ECONOMY & MANAGEMENT PUBLISHING HOUSE

图书在版编目（CIP）数据

旅游者的社会责任消费/游喜喜著 . —北京：经济管理出版社，2022.8
ISBN 978-7-5096-8728-4

Ⅰ.①旅…　Ⅱ.①游…　Ⅲ.①旅游消费—社会责任—研究　Ⅳ.①F590.8

中国版本图书馆 CIP 数据核字（2022）第 177538 号

组稿编辑：王光艳
责任编辑：李红贤
责任印制：黄章平
责任校对：胡莹莹

出版发行：经济管理出版社
　　　　　（北京市海淀区北蜂窝 8 号中雅大厦 A 座 11 层　100038）
网　　　址：www.E-mp.com.cn
电　　　话：（010）51915602
印　　　刷：北京市海淀区唐家岭福利印刷厂
经　　　销：新华书店
开　　　本：720mm×1000mm/16
印　　　张：12.5
字　　　数：224 千字
版　　　次：2022 年 10 月第 1 版　　2022 年 10 月第 1 次印刷
书　　　号：ISBN 978-7-5096-8728-4
定　　　价：68.00 元

前　言

近年来，随着经济环境的持续改善，旅游需求规模不断扩大。《中华人民共和国 2019 年国民经济和社会发展统计公报》显示，2019 年，我国国内游客 60.1 亿人次，同比增长 8.4%；国内旅游收入 57251 亿元，同比增长 11.7%；入境游客 14531 万人次，同比增长 2.9%；国际旅游收入 1313 亿美元，同比增长 3.3%（国家统计局，2020）。联合国世界旅游组织（UNWTO）公布的数据显示，2019 年全球国际旅游者（过夜游客）数量高达 15 亿人次，比 2018 年增加 5400 万人次，同比增长 3.8%，全球国际游客数量连续 11 年（2009～2019 年）保持增长，平均增长率维持在 5.1% 左右（UNWTO，2020）。庞大的人数规模，可观的消费支出，旅游消费群体已然成为助推经济发展所不可忽视的重要力量。然而，所有的经济活动都会耗用自然资源与人文资源，其中许多是无法恢复、再生与替代的（Eber，1992）。旅游消费在带来巨大经济贡献的同时，必然也会消耗各种资源，进而对经济、社会、环境乃至文化产生不利影响。事实上，旅游者在消费过程中所造成的负面影响早已在现实中上演：随意丢弃垃圾，破坏当地环境；肆意消费，浪费目的地资源（水、电、食物等）；我行我素，对当地文化缺乏足够的尊重；等等。这些问题成为长期困扰旅游业的顽症，严重影响、制约着旅游的可持续发展。2013 年 10 月 1 日，《中华人民共和国旅游法》正式实施，其中第二章第十三条做出明确规定："旅游者在旅游活动中应当遵守社会公共秩序和社会公德，尊重当地的风俗习惯、文化传统和宗教信仰，爱护旅游资源，保护生态环境，遵守旅游文明行为规范。"这表明对旅游行为的规范已经上升到了国家立法层面。

Kasim（2006）认为，旅游业存在的负面影响必须加以缓解，这不仅有益于自然环境和社会环境，也是为了旅游业本身的可持续发展。长期以来，为有效解决上述问题，有关机构、组织出台了多样的措施加以应对，具体可归纳为两种路径：一是正面引导，通过宣传教育、树立榜样、推行奖励等方式促进旅游者自觉规范自身消费行为（李涛、陈芸，2015；杨懿、常飞，2015）；二是负面制约，利用罚款、黑名单、信用记录等管理制度强制约束旅游者的行为（陈艳红、姬荣荣，2016；昌晶亮、余洪，2013；刘娟，2015）。上述两种路径均在一定程度上发挥了积极的作用，但未能从根本上解决问题。其原因在于：正面引导虽然把握住了事物的内部矛盾，但由于对旅游者消费行为的内在机制缺乏足够认识，出台的对策往往不能"对症下药"；负面制约固然能起到警示、遏制的作用，但却"治标不治本"。

通常情况下，游客被视为问题的制造者而非解决者（Swarbrooke，1999）。Mancini 等（2016）提到，"消费被认为是不可持续的一个方面，而它的自我调节对解决这些危机尤为重要"。因此，立足研究旅游者，从事物的内部矛盾着手，深入探究旅游者消费行为的内在机制，进而制定相应的对策才能从根本上解决这一问题。

社会责任消费行为，即个人把他（或她）的商品获得、使用建立在最小化或减少对社会的有害影响，最大化对社会的长期有利影响的基础上（Mohr et al.，2001）。这些消费者不仅关心产品、服务的社会责任属性，而且关心生产企业针对员工、顾客以及环境问题的伦理行为（Somyot，Singal and Murrmann，2014）。根据 Delpal 和 Hatchuel（2007）的一项调查，44%的消费者说他们在购物时会考虑社会意识问题（如不买涉及童工的产品，不让动物遭受苦难，减少污染），61%的消费者愿意多付5%的溢价以兑现这样的承诺，31%的消费者基于这些方面的某些考虑抵制了特定产品，52%的消费者在过去的六个月购买了一个承诺产品。另一项大型消费者调查显示，与产品相关的社会特征（如环境保护、对人权的支持）正在成为消费者购物策略的重要标准；54%的消费者在过去 12 个月中购买了道德产品，比 1993 年增加了 170%（Cone Inc.，2013）。显然，作为一种自觉行为，有社会责任的消费者正在通过他们的"经济选票"（Dickinson and Hollander，1991）保护环境、改良社会（Roberts，1995）。

近年来，现实中一些游客的旅游消费行为呈现了与上述社会责任消费行为相一致的内涵与价值取向。他们随身携带环保购物袋，拒绝商家提供的塑料袋；认真学习、遵守目的地社区的文化习俗；热衷绿色出行方式；有意购买目的地特产，以增加当地人的收入；等等。这些行为（或现象）与 Tearfund（2002）的一项研究结果相一致，即旅游者会因为他们在可持续旅游中所扮演的角色而愿意承担更多的责任，几乎 50%的被调查者希望获得更多有关在目的地的适宜行为的信息。Martin（2018）发现，绝大多数英国游客（超过85%）认为他们的假期不损害环境是非常或相当重要的，同时认为应该体验当地文化（77%）和造福当地社区（71%）。根据 Tripadvisor（官方中文名为猫途鹰）2010 年做的一项调研，34% 的受访者愿意为环境友好型饭店支付更多费用，25% 的受访者愿意支付 5% ~ 10% 的额外费用。一项由世界上最大的私人旅游指南出版商孤独星球（Lonely Planet）在 2007 年完成的研究表明，88% 的旅行者认为可持续旅行很重要（Shugg et al.，2017）。除此以外，一种被称为志愿者旅游（或公益旅游）（Volunteer Tourism）的旅游方式正在全球兴起、蔓延（Alexander，2012；Lo and Lee，2011）。这些情况表明，旅游者的社会责任消费意识、行为都发展到了一定的水平，需要给予应有的重视并展开专门研究，这将有助于拓展可持续旅游的研究范畴与实践路径。事实上，中国消费者责任消费意识已经觉醒（许英杰、张蕙、刘子飞，2015），这为深入研究旅游者的社会责任消费行为及其驱动因素提供了条件。

在上述背景下，我们认为立足旅游者视角，着眼于旅游消费领域，将社会责任消费概念引入旅游情境，展开基于中国情境的旅游者社会责任消费意向、行为研究很有必要且切实可行。研究的开展，将有助于我们将视线转向旅游影响中的美好一面，促使我们更加乐观地看待旅游业的未来，并最终实现旅游业的健康、可持续发展。

目 录

第一章
绪　论

第一节　问题的提出

一、基本概念

自可持续旅游相关研究兴起以来，从旅游者视角提出概念并进行的相关研究主要围绕生态旅游者、负责任旅游者、旅游者环境责任行为以及志愿者旅游而展开。

1. 生态旅游者

生态旅游者被定义为"任何旅行的主要动机是在一个相对不受干扰或污染的自然区域观赏、享受和体验自然，并在旅途中进行至少一次生态旅游体验的人"（Blamey，1995；Burger et al.，1995），这里的"生态旅游体验"是指与环境教育、自然保育以及综合环境可持续管理相关的活动（Tao et al.，2004）。"真正的"生态旅游者可能会被更有效地接受为消费者，他们对在相对未受破坏的环境中直接观察和了解自然特别感兴趣，并且致力于保护自然（文化）环境（Eagles，1992；Page and Dowling，2002）。目前，在学界有一个基本共识，即生态旅游至少要满足三个基本标准：一是生态旅游景点应包含自然环境，并伴之以相关文化吸引物作为次要组成部分；二是生态旅游者与环境吸引物之间的互动应以教育、学习与欣赏为基础；三是生态旅游具有环境、社会文化与经济上的可持续性（Blamey，1997）。上述内容表明，生态旅游者是有别于大众旅游者的一个特定群体，这一群体被限定在一个相对较小的人群范围，环境是他们主要的关注点

（Dolnicar，2006）。在生态旅游的研究领域，有关生态旅游者的研究还不够完善
（Singh et al.，2007），造成这一现象的原因之一可能是生态旅游研究的重点往往
更多地集中在供给方面（Sharpley，2006）。相关研究主要关注生态旅游者的人口
特征（Tao et al.，2004）、细分市场（Weaver and Lawton，2002）、旅游动机
（Kerstetter et al.，2004；Perkins and Brown，2012），以及行为模型构建（Lee and
Jan，2018）。

2. 负责任旅游者

根据《开普敦宣言》，负责任旅游即最小化对环境、社会、文化和经济方面
的负面影响，最大化积极影响（Responsible Tourism Conference，2002）；促进当
地人参与社区发展；推动各项保护工作；为残障人士提供便利，并在主客之间建
立尊重与联系（International Centre for Responsible Tourism，2004）。有关负责任
旅游的研究多数将注意力投向了产品供给方，如旅游经营者、政府部门、社区居
民等，对旅游者的研究比较少（Caruana et al.，2014）。Stanford（2008）通过质
性研究从四个维度定义负责任旅游者，即"尊重与认识"（了解并尊重当地的环
境与文化）、"互惠哲学"（当东道主尽其所能向游客提供最好的东西时，作为回
报，游客的责任就是成为最为卓越的客人）、"互动与参与"（主动花费时间与当
地人进行深入互动）、"全能型游客"（兼顾尊重环境、慷慨消费及与负责任的东
道主展开互动等）。他指出，负责任旅游者的定义并不是绝对的，其含义是多方
面、动态与复杂的，包含不同的维度。Caruana 等（2014）的另一项研究探索了
旅游者眼中的负责任旅游者，包含参与当地经济、保护文化与自然环境、学习与
教育、寻求原真性、寻找美好与静谧、做正确的事、远离大众旅游者、避免过度
商业化和选择诚信营销九个维度。Husbands 和 Harrison（1996）提出："负责任
的旅游不是一个利基旅游产品或品牌，而是一种'做旅游的方式'——适用于
任何一种旅游。"从这一表述与前面两位学者的研究中可以看出，要达成负责任
旅游者定义的共识并非易事，而这一基础性问题的含混不清必然制约后续研究的
开展。

3. 旅游者环境责任行为

环境责任行为是指任何个人或团体为解决环境问题而采取的行动（Borden
and Schettino，1979），反映了个人对环境的关注、承诺及掌握的生态知识（Cot-
trell and Graefe，1997）。具有环境责任行为特征的人会将对自然环境的影响降至
最低（Kollmuss and Agyeman，2002），甚至会采取有益于环境的行动（Steg and
Vlek，2009）。Smith-Sebasto 和 D'Costa（1995）将环境责任行为划分为公民行

为、教育行为、财务行为、法律行为、力行行为和说服行为六个维度进行衡量。Kaiser 和 Wilson（2004）则将其归纳为节能、移动与交通、避免浪费、消费主义、回收利用、替代性和与保护有关的社会行为七个方面。在旅游研究领域，学者们将环境责任行为区分为一般的环境责任行为与特定地点的环境责任行为（Lee et al.，2013），前者指个体在日常生活中进行的环境责任行为；后者专指旅游者在旅游目的地所表现出的环境责任行为（Halpenny，2010）。Lee 等（2013）提出，旅游者环境责任行为是指旅游者致力于减少对环境的影响，努力为环境保护工作做出贡献，并在旅游活动中不干扰目的地生态系统和生物圈。在给出定义的基础上，Lee 等开发了旅游者环境责任行为量表，该量表包含公民行为、财务行为、力行行为、说服行为、可持续性行为、亲环境行为和环境友好行为七个维度。旅游者环境责任行为与生态旅游者行为的内涵相近，同样以环境问题为焦点，但其讨论的行为主体却是任何类型的旅游者，研究对象范畴远大于前者，有着更为广泛的理论探索空间与实践应用价值。然而，偏重环境问题的根本特点决定了这一概念只能在环境保护领域为旅游可持续发展提供支撑。

4. 志愿者旅游

志愿者旅游是指旅游者出于各种原因，以一种被组织的方式去度假，其间涉及援助或减轻某些社会群体的物质贫困，改善某种环境或是对社会及环境问题进行研究等的旅游活动（Wearing，2001）。Wearing（2001）认为，志愿者旅游包括但不限于保护项目、科学研究、医疗援助、经济和社会发展以及文化修复。事实上，志愿者可以参与到各种各样的活动中，从协助眼科手术到建立一个热带雨林保护区（Wearing and McGehee，2013）。Wearing（2001）提到，志愿者旅游已然成为选择性旅游中的"模范生"，是生态旅游日趋成熟与商业化背景下填补市场空隙的利基市场。然而，另外一些学者却认为更多的价值留给了志愿者，而不是东道主（Raymond，2008）。还有人担心，在发展中国家，善意、富有的志愿者可能无意中助长了新殖民主义（Mcgehee and Santos，2005）。还有一些学者提出了志愿者旅游存在的一些问题，例如：如果当地社区的愿望没有得到充分考虑，或当地人没有参与规划，又或者志愿者缺乏技能，就会导致项目完成得很差；另外，志愿者会给劳动力市场带来变化，降低对当地工人的需求（Guttentag，2009）。最严厉的批评者甚至将志愿者旅游描述为一种自私的愿望，即参与利他主义的展示，而不是提供真正的社区福利（Ong et al.，2014）。由于存在现实或潜在的负面影响，如何看待、规划、组织与管理志愿者旅游成了学者们重点讨论与研究的话题（Barbieri et al.，2012；Lyons et al.，2012；McGehee，

2011)。当前，在这一领域尚无具有广泛影响力的关键性研究成果，志愿者旅游的快速发展面临着未知风险。

综上所述，生态旅游者概念范畴相对清晰，但涉及的群体规模有限，且仅以环境问题为关注点；负责任旅游者几乎包含了任何类型的旅游者，然而其内涵抽象、宽泛，不利于实际操作；旅游者环境责任行为研究起来有着较强的可操作性，但却无法突破其囿于环境议题的本质特性；志愿者旅游是被广泛看好的选择性旅游形式，具有诸多优点，但如果不能有效规避其可能产生的负面影响，将有可能引发一系列深层次问题。所以，找到一个普遍适用于各类型旅游者，包含广泛的可持续发展议题，具有可操作性，且能够被广泛认可的概念极为必要。Burns（2000）指出，不管一个人如何定义、描述或解析旅游，旅游者都是问题的核心。基于此，结合以上分析，本书认为，立足旅游者视角，着眼于旅游消费领域，将社会责任消费概念引入旅游情境，展开基于中国情境的旅游者社会责任消费意向、行为研究很有必要且切实可行。

二、旅游者社会责任消费的研究

旅游消费主要在非惯常环境下发生，本书将以此为着眼点，围绕以下三个方面展开具体研究：

1. 什么是旅游者社会责任消费

时至今日，对于旅游者社会责任消费的定义还存在一定争议。在这样的情况下，要将其引入旅游消费领域，研究旅游者社会责任消费问题，必然面临如何定义的挑战。什么是旅游者社会责任消费？有怎样的内涵？从概念的可操作性角度看，旅游者社会责任消费该如何测量？包含哪些维度？只有这些问题得到确切的回答，后续的研究才具备深入开展的前提与基础。

2. 旅游者社会责任消费意向的影响机制

明确旅游者社会责任消费意向是什么固然重要，但更为重要的是探索影响意向的心理机制。目前，有关社会责任消费意向影响机制的研究已有一定的积累，但相关的理论模型是否也适用于解释、预测旅游者社会责任消费意向？将计划行为理论、规范激活理论等的理论模型进行改进、重塑与整合，能否构建新的可靠的解释模型？旅游消费异地性与暂时性是否会影响旅游者社会责任消费意向？具体影响情况怎样？对这些问题进行探索是本书的核心所在。

3. 旅游者社会责任消费意向与行为的关系

研究旅游者社会责任消费意向的最终目的是促进行为的发生，而意向与行为在很多时候是不一致的。人们嘴里说的和最终做的常常是两件不同的事情，态度与行为之间的差距往往令市场营销人员非常苦恼（Roberts，1996）。因此，本书将尝试检验并回答以下两个问题：一是旅游者社会责任消费意向和行为能否保持一致？二是如果不一致，原因是什么？围绕这两个问题展开研究将使我们对旅游者社会责任消费问题有更加清晰的认识。

第二节 研究意义

本书立足旅游者视角，将社会责任消费概念引入旅游消费情境，提出并定义旅游者社会责任消费的概念，开发测量量表，构建影响机制模型，检验意向与行为的关系，拓展了旅游消费理论、社会责任消费理论以及可持续旅游理论的研究范畴，为探索旅游消费负面影响的应对策略提供了知识参考。因此，本书的研究不论是在理论层面还是在实践层面均有重要意义。

一、理论意义

本书在理论方面的意义主要在于提出概念、应用并整合理论以及对理论的检验，具体表现在以下三个方面：

其一，从上节对生态旅游者、负责任旅游者、旅游者环境责任行为以及志愿者旅游的分析可知，当前，在可持续旅游研究框架下，从旅游者视角开展的研究均存在一定的局限性。本书从旅游者视角出发，将社会责任消费概念引入旅游情境，提出并界定旅游者社会责任消费的概念与内涵，同时为旅游消费研究与可持续旅游研究增添了一个新的概念，有助于开拓相关研究领域。本书在提出概念的基础上，开发旅游者社会责任消费意向测量量表，为进一步推进旅游者社会责任消费研究的理论化创造了条件。与此同时，本书对社会责任消费理论的应用与丰富同样具有积极意义。

其二，本书融合计划行为理论、社会偏好理论与规范激活理论，构建整合模型解释旅游者社会责任消费意向的影响机制，一方面对推动旅游者社会责任消费研究的理论化具有一定意义，另一方面也为这一领域的后续研究奠定了一定的理论基础。另外，本书以旅游消费的两个基本特征，即异地性和暂时性为出发点，对应地探索了社会距离和时间压力两个变量对旅游者社会责任消费意向的影响，这对于探索、构建旅游消费理论，乃至彰显旅游学科独特性具有重要意义。

其三，本书将通过历时研究对旅游者社会责任消费意向与行为之间的差距及存在的原因进行考察。这是对社会科学研究中一直存在的"意向—行为"差距现象进行旅游消费情境下的检验，将有助于对这一核心问题的深入认识与把握。

二、现实意义

其一，旅游者社会责任消费行为与游客缺乏社会责任的消费行为是此消彼长的关系。本书各项议题的完成将有助于政府部门、公益组织等机构出台有效对策，提高旅游者社会责任消费意向水平与行为发生概率，在一定程度上有助于减少游客不负责任的消费行为的发生。

其二，旅游者社会责任消费追求最小化对经济、社会、环境与文化的消极影响，最大化对上述四个方面的积极影响。提高旅游者社会责任消费意向水平与行为发生概率将有助于构建旅游者与目的地社区之间的和谐关系，有助于资源与环境保护，有助于目的地经济发展与文化传承，进而推动旅游可持续发展的进程。

其三，本书对旅游企业也有一定的现实意义。未来，在有关部门的不断努力下，具有社会责任消费意向的旅游者会不断增多，他们会逐渐形成一个不可忽视的细分市场。检验人口统计变量与旅游者社会责任消费意向的关系将有助于旅游企业识别这一市场，并出台具有针对性的营销策略，赢得市场。

其四，旅游者社会责任消费行为的普及将有助于旅游业多功能性作用的最大化发挥，尤其是旅游活动的教育功能和人文修养提升作用的彰显，进而促进未来旅游教育方式的改革和多样化发展，提升旅游业在国民经济中的地位。

第三节　研究目的与研究内容

本书的研究目的主要包括四个方面：首先，立足旅游者视角，以旅游消费为研究切入点，将社会责任消费概念引入旅游情境，提出并界定旅游者社会责任消费的概念与内涵，并在此基础上开发旅游者社会责任消费意向量表。其次，以计划行为理论为基本框架，融合规范激活理论和社会偏好理论，探索旅游者社会责任消费意向的影响因素，构建并实证检验整合的理论模型。另外，从旅游消费的异地性和暂时性特征出发，结合社会距离理论，实证检验社会距离与时间压力两个变量对旅游者社会责任消费意向的影响。再次，通过历时研究，检验旅游者社会责任消费意向与行为的差距，并采用定性研究方法，探索差异存在的原因。最后，根据研究结论，提出促进旅游者社会责任消费行为实施，进而推进旅游可持续发展的创新性对策与措施。

围绕上述研究目的，聚焦于"旅游者社会责任消费意向及其影响机制"这一核心问题，本书秉承提出概念、理论整合、理论验证与理论探索的研究主线，设计了三个层层递进、不断深化的子研究。

子研究一：旅游者社会责任消费的概念与意向测量量表开发。子研究一是本书的基础与关键部分，通过文献研究，在充分掌握社会责任消费基本内涵的基础上，结合旅游消费的特征，进行归纳、演绎与思辨，提出旅游者社会责任消费的概念，并对其内涵进行界定。在明确定义的基础上，严格遵照 Churchill（1979）提出的量表开发步骤，通过实证研究，开发旅游者社会责任消费意向测量量表，明确旅游者社会责任消费的维度划分。

子研究二：旅游者社会责任消费意向的影响机制模型。子研究二是本书的核心所在，主要进行理论的构建与验证。首先，以计划行为理论为主要依托，结合社会偏好理论与规范激活理论，对计划行为理论进行重塑与改进，构建旅游者社会责任消费意向影响机制的理论模型，通过数据收集与统计检验，验证模型的解释力度；其次，以旅游消费的异地性与暂时性特征为出发点，结合社会距离理论，提出社会距离、时间压力两个变量与旅游者社会责任消费意向之间关系的研究假设，并通过实证研究进行验证。

子研究三：旅游者社会责任消费意向与行为的关系。在社会科学研究领域有一个持续存在的问题，即人们说到或想到他们应该做什么与他们真实地做到什么之间存在差距（Locke，1983）。本书对这一共性问题进行了回应。首先，应用所开发的量表对意向与行为之间的差距进行考证，检验"意向—行为"差距现象在旅游者社会责任消费领域的"适用性"；其次，通过对所收集到的数据进行定性分析，归纳、总结意向与行为差距形成的原因。

第四节　研究方法与技术路线

一、研究方法

依据所提出的研究问题，本书主要采用理论演绎的实证研究方法，综合定量与定性研究，进行横截面数据与历时数据分析，以保证研究方法适用于研究问题的解决。整体而言，本书综合应用了文献研究、问卷调查、数理统计与分析、深度访谈与焦点小组、历时研究与定性数据分析等多种方法，这些方法对于提出、分析乃至解决研究问题具有关键作用。

其一，文献研究法。在研究初期，本书广泛检索、梳理了社会责任消费领域、旅游者行为领域的已有相关文献，特别地，对近十年发表在消费者行为科学（如 *Journal of Consumer Research*、*Journal of Business Research* 等）、旅游科学（如 *Tourism Management*、*Annals of Tourism Research*、*Journal of Sustainable Tourism*、《旅游学刊》等）期刊上的理论研究文献进行了整理。通过文献研读，把握相关领域的研究主线与脉络，发现理论研究中存在的不足，再反复地进行理论与现实的比照，研究问题得以逐步明晰。在此基础上，通过对社会偏好理论、计划行为理论、规范激活理论以及社会距离理论相关的基础理论文献和实证研究文献进行系统的精读，提出了研究假设，构建了理论模型。需要补充的是，在量表开发阶段，本书还广泛收集、整理、阅读了相关报纸、杂志以及旅游网站等媒体上的信息，以保证题项池的内容饱和。

其二，问卷调查法。问卷调查是研究人员制作相应问卷，有计划地发放问卷，从而从被调查样本群体中获得数据和资料的过程。在管理学科的实证研究领域，问卷调查法是应用最为广泛和普遍的研究方法（刘泉，2011）。本书在量表开发、研究假设的提出与理论模型检验以及历时研究中均用到了问卷调查法。全书严格遵循问卷设计的基本原则与流程，依据访谈资料和既有研究中的成熟量表进行问卷的设计、修订与完善，形成了具有良好信度和效度的调查问卷。通过科学的抽样方法进行问卷的发放与收集，为后续数据处理提供了可靠的保障。

其三，数理统计与分析法。本书主要使用因子分析、结构方程建模等数理统计与分析法开展研究。具体而言，本书使用探索性因子分析（EFA）和验证性因子分析（CFA）来开发旅游者社会责任消费意向量表，并检验测量量表的信度和效度；使用结构方程建模技术（SEM）检验利他主义、感知行为控制、主观规范、态度、道德义务等前因变量、中介变量对旅游者社会责任消费意向影响的主效应模型，以及社会距离、时间压力与旅游者社会责任消费意向的关系；使用二元逻辑斯蒂（Logistic）回归分析方法检验旅游者社会责任消费意向与行为之间的关系。此外，本书还采用方差分析（ANOVA）检验了不同人口统计变量对旅游者社会责任消费意向的影响。在统计软件应用方面，本书主要使用 SPSS 21.0 和 AMOS 22.0 软件进行上述统计分析。

其四，深度访谈法与焦点小组法。深度访谈法是质性研究收集数据的常用方法，即调查者通过与受访者进行面对面的交谈获取一手数据的过程。这一方法具有灵活深入的特点，是获取未知数据的有效方法。本书在量表开发初期用到了该方法，用以完成题项的生成与筛选。焦点小组法同样出现在量表开发初期，用以筛选、确定初始题项，这一方法在提高量表的效度方面具有积极作用。另外，本书还在定性数据分析阶段应用焦点小组法开展数据编码工作。

其五，历时研究方法与定性数据分析法。为检验旅游者社会责任消费意向与行为之间的关系，本书采用历时研究方法，分两个阶段先后对选定的样本群体发放调查问卷，以比较意向与行为之间的关系。分析定性数据的基本步骤包括数据编码、数据分析和阐述结果（Creswell，2007）。在本书中，定性数据分析法主要用来对问卷调查中开放性问题的答案进行分析，以获得用于解释旅游者社会责任消费意向与行为差距形成的原因。

二、技术路线

本书的研究技术路线与章节安排如图 1-1 所示。

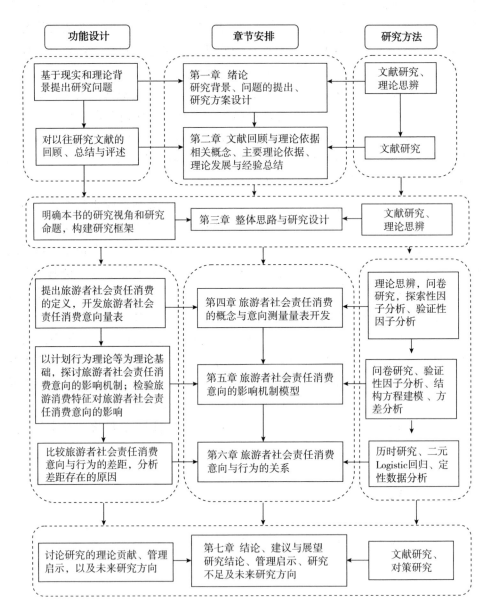

图 1-1 研究技术路线与章节安排

第五节　本书的创新之处

依据 Whetten（1989）的观点，社会科学的理论创新包含 What、How、Why、When、Where 等几个元素。具体而言，What 方面的创新是指将新的概念纳入已有理论以解释社会经济现象；How 方面的创新是指梳理出了概念与概念之间新的相互影响关系；Why 方面的创新是指从新的逻辑视角考量概念与概念之间的关系；而 When 和 Where 方面的创新则是指拓展或界定了特定理论的适用情境与适用范围（李秋成，2015）。依照上述标准，本书在理论层面的创新之处主要有以下几点：

第一，本书提出并定义了旅游者社会责任消费的概念，开发出旅游者社会责任消费意向量表，并展开对其影响机制的研究，这对于丰富旅游消费理论与可持续旅游相关理论，解释旅游者在旅游消费过程中的社会责任行为具有积极意义，因此本书在 What 层面做出了一定的创新。

第二，本书依据旅游消费的异地性与暂时性特征，结合社会距离理论，提出假设，并实证检验了社会距离、时间压力对旅游者社会责任消费意向的影响，是对变量间影响关系的新的探索，这在 How 层面有一定的创新。

第三，本书从旅游者社会责任消费的亲社会属性出发，依据社会偏好理论和规范激活理论，将利他主义、道德义务引入计划行为理论，构建了旅游者社会责任消费意向的影响机制模型，在 Why 层面做出了一定的创新。

第四，本书将较为成熟的社会责任消费概念引入了具有异地性与暂时性特征的旅游消费情境，提出了旅游者社会责任消费的概念，拓展了社会责任消费的研究领域，因此在 When 和 Where 层面也有积极创新。

就实践层面而言，本书旨在提出并探索一种更好地促进旅游消费与环境、经济、社会、文化之间良性互动发展的理念，建立旅游可持续发展的新理念，并为该理念下的实践路径提供理论参考。首先，本书将社会责任消费概念引入旅游消费情境，提出并界定了旅游者社会责任消费概念。这一概念的提出有助于业界，特别是政府部门、公益组织从一个新的视角关注旅游者行为，为拓宽旅游可持续发展路径提供了新的实践理念。这是本书在较为宏观的层面对实践路径创新所具有的启发意义。其次，本书应用相关理论构建旅游者社会责任消费意向影响机制模型；分析社会距离与时间压力的影响作用；检验意向与行为的差距，并探索背后的影响因素。这些研究为推动旅游者社会责任消费行为普及的策略开发，以及促进我国旅游可持续发展的管理创新提供了有价值的知识依据。这是本书在微观层面对实践路径创新所具有的参考意义。

第二章
文献回顾与理论依据

第一节 社会责任消费的内涵与测量

文献梳理是开展科学研究的基础，本书通过较为系统的文献回顾与梳理，厘清了已有相关研究的基本脉络，为后续研究的深入开展奠定了坚实的基础。由于旅游者社会责任消费是本书基于旅游消费情境提出的新概念，因此本书将以一般性的社会责任消费研究文献为主线，围绕所提出的研究主题进行文献回顾，主要就社会责任消费的概念与定义、维度划分、影响因素以及社会责任消费意向与行为的关系对相关文献进行介绍、整理与评价。

一、社会责任消费问题的缘起

第二次世界大战之后，全球经济快速复苏，社会财富大量增加。在此背景下，主张人们可以任意占有和消耗财富的消费主义（Consumerism）思想在西方社会蔓延。1974 年，诺贝尔经济学奖得主哈耶克（Hayek）提出了著名的"消费者主权理论"（Consumer Paramountcy Theory）。其中，"消费的自由"是该理论的逻辑起点，即个人的消费是自由的，它建立在平等、自愿、自主的基础上，消费者可根据自己的经济状况、个人性格、生活习惯做出选择（曾智、丁家永，2010）。然而，人们的消费行为在自由消费观念下走向了道德缺失的误区：自由消费观念导致消费者基于欲望而盲目消费；自由消费观念下的过度消费引发生态危机；自由消费观念下技术的不可预测性引发消费道德缺失（曹凯，2011）。在这种情况下，人们倾向于成倍地增加对商品和服务的消费（O'Shaughnessy J and

O'Shaughnessy N J, 2002)。这种消费方式一直具有负面的内涵，如人类价值观的堕落、人性的丧失、社会暴力等（Pérez-Barea et al., 2018）。20世纪70年代，因过度强调消费而引发的环境、社会等方面的问题引起了西方学者的普遍关注。与此同时，一些具有生态意识、社会意识的消费者数量不断增加。为了使企业社会责任营销行动更具针对性、更加有效，1975年Webster提出了社会意识消费者（Socially Conscious Consumer）的概念，并将之定义为将个人消费的公共结果考虑在消费决策中或以购买权利促进社会变迁的消费者。在此之后，相关研究得到了极大的丰富与拓展，内容涉及概念界定、量表开发、影响因素与机制以及意向与行为差距等诸多方面。

二、社会责任消费的定义及其演进

1973年，Fisk较早地对负责任的消费（Responsible Consumption）进行了定义，他认为负责任的消费就是对全球人口的资源进行合理和有效的利用。1975年，Webster首次明确提出并定义了社会意识消费者，后续很多研究以此为基础而展开，从而使社会责任消费研究逐渐成为一个相对独立的研究领域。然而，Webster在定义中提到的"公共结果"内涵丰富，一定程度上限制了操作性研究的开展。1979年，Antil提出"社会责任消费"（Socially Responsible Consumption，SRC）的概念，即消费者在做出有关环境、资源问题的购买决策与行为时，不但会考虑个人需要的满足，而且会关心可能导致的不利后果（Antil, 1979）。Antil的定义强调了消费者保护环境、资源的责任，体现了早期社会责任消费研究侧重环境议题的倾向性。然而，从Webster提到的"公共结果"来看，仅仅关注环境问题显然具有局限性。1995年，Roberts对社会责任消费者进行了定义，提出社会责任消费者会购买他们认为会对环境产生积极影响（或较低负面影响）的产品或服务，他们会用自己的购买权表达对社会的关切（Roberts, 1995）。这一定义首次将社会意识纳入社会责任消费的研究范畴，明确了社会责任消费应该包含环境意识消费与社会意识消费，从而较Webster、Antil的定义有了更具体、更全面的提升。2001年，Mohr等借鉴菲利普·科特勒对社会营销的定义（社会营销就是以一种保持或改善客户和社会福利的方式开展业务），在定义企业社会责任（Corporate Social Responsibility，CSR，指企业致力于将任何有害影响最小化或消除，并将其对社会的长期有益影响最大化）的基础上，结合Webster（1975）关于社会意识消费者的定义，提出了社会责任消费者行为（Socially Responsible

Consumer Behavior，SRCB）的定义，即一个人在购买、使用和处置产品时，追求最小化或降低对社会的任何不良影响，最大化对社会的长期有益影响。Mohor 等（2001）随后指出，社会责任消费者行为需包含企业社会责任的内容，避免购买损害社会的企业产品，积极搜寻有益于社会的企业产品。Mohr 等（2001）关于 SRCB 的定义使社会责任消费定义延伸到了消费的全过程，包括购买、使用、处置等，突破了以往只限于购买决策阶段的研究局限。目前，上述定义被引用、应用的范围最为广泛。

国内关于社会责任消费的研究起步较晚。李双龙在 2005 年对消费者责任进行了定义，提出消费者应该承担与所消费商品有关的连带责任。这一定义与社会责任消费的内涵存在较大差距。2007 年，于阳春最早提出并定义了消费者的社会责任（Consumers' Social Responsibility），强调消费者应该自觉抵制危害社会可持续发展的商品与生产行为。该定义的提出使社会责任消费研究逐步受到国内学者的关注与跟进，这一定义也得到了部分国内学者的认可（刘晓霞，2010；赵晓云，2013）。然而，与国外日趋成熟的定义相比较，该定义存在较为明显的局限性：首先，该定义认为消费者的社会责任主要是消极抵制责任，以抵制不负责任的企业为主，忽略了消费者积极承担社会责任的内容；其次，该定义主要针对的是企业社会责任，对于企业社会责任之外的内容未加以考虑，而有关环保、社会福利等方面的内容在国外很受重视。2008 年，陈桂香将消费者社会责任界定为高于法律要求的消费者自觉自愿行为，认为消费者应当考虑自身消费行为对他人、社会以及环境所产生的影响。这一定义所考虑的责任对象范畴相较于阳春的定义有所突破，但在可操作性层面却不比前者明确。马伯钧（2008）从责任的定义出发，将消费者的消费责任划分为对自己、对他人以及对生态环境应担负的三种责任。这一划分虽然包含了多维度的责任范畴，但强调的是消费责任，且关注重点在责任而非消费，这与社会责任消费以消费行为为最终落脚点有所不同。2014 年，郭琛在辨析消费者责任与消费者社会责任的基础上，指出后者更具流动性和包容性，且更容易为大众所接受。他进一步将消费者社会责任定义为消费者应当对自己、对社会以及对自然所负有的审慎、理性消费的义务。不难看出，不论是讨论消费者责任、消费者社会责任，还是消费者的消费责任，上述研究关注的均是消费者应当承担的责任，这些停留在理论思辨层面的责任讨论与具有行动导向的社会责任消费研究尚有差距。

2009 年，阎俊和佘秋玲从建立中国消费者社会责任消费行为量表的研究目的出发，提出了社会责任消费行为的定义。该定义具有很强的操作性，但是受研究目的所限，该定义未就社会责任消费的本质属性进行抽象概括与提炼，对于帮助我们从根本上认识、把握社会责任消费的贡献有限。2011 年，王天仁和李建峰对责任消费进行了定义，强调责任消费是以国家标准和产业政策为参照进行商品和服务的选择与取舍，包含消费观念、态度、行为与方式。这一定义利于操作，但存在明显的局限性。2012 年，陈启杰和武文珍在对社会责任消费行为研究进行综述时，将社会责任消费划分为狭义与广义两种：狭义的社会责任消费将社会责任消费行为仅限定为与保护环境、资源和生态相关的消费行为，以及与企业社会责任行为相联系的消费行为（认为社会责任消费行为就是积极购买和响应承担社会责任的企业的产品，避免购买有害于社会的企业的产品）；广义的社会责任消费则涵盖环境、社会、经济与文化等内容，强调最小化对相关方面的消极影响，最大化积极影响。两位学者的综述研究有力地推动了社会责任消费概念与内涵的明确化与清晰化。2016 年，袁裕辉、杨伟光和丁楚红从社会化网络的视角出发，提出消费者社会责任涉及对自身、对企业、对环境以及促进技术创新四个方面的内容。该定义尝试通过探索消费者社会责任的内容构成来确定其定义边界，是一次有益的尝试。2018 年，余航、张潇和叶楠在充分借鉴于阳春（2007）对消费者的社会责任定义的基础上，进一步提出了消费者社会责任包括保护环境、节约资源、基于企业社会责任表现的购买与促进公平贸易四方面的内容。上述研究表明，在经历了责任讨论之后，国内学者逐渐将注意力转向了社会责任消费，对社会责任消费维度划分的关注度日渐提高。

总体来看，国内学者已经关注到了社会责任消费议题，并展开了持续的讨论，学者们对社会责任消费概念与内涵的认识正在不断深化，为后续研究的开展提供了条件。然而，从上述内容可以看出，相较于国外，国内关于社会责任消费定义的讨论存在两个方面的不足：一是偏重于在理论层面讨论消费者的责任或社会责任，即主要关注回答消费者应该承担哪些责任（社会责任）、承担责任（社会责任）的原因是什么等问题，而对社会责任消费是什么、包含哪些内容的关注却比较少；二是不同学者的研究缺乏对话，没有形成相互借鉴、吸收、融合进而共同推进概念与定义不断走向完善的良好局面，导致尚未出现具有广泛影响力的定义。

Roberts（1995）指出，社会责任消费的内涵具有动态变化性。综合考察已有研究发现：横向上，由仅关注环境问题延伸到了同时关注环境与社会问题；纵向上，由关注购买决策阶段发展到了关注消费全过程。然而，Mohr 等（2001）对社会责任消费者行为的界定（一个人在购买、使用和处置产品时，追求最小化或降低对社会的任何不良影响，最大化对社会的长期有益影响）表明，不论如何定义社会责任消费，其所具有的亲社会本质却是一致的（王财玉、雷雳，2015）。旅游者社会责任消费内涵的界定将遵从这一本质属性，即最小化或降低对相关方面的不良影响，最大化对相关方面的有益影响。

本书对有代表性的概念及定义进行了梳理，详见表2-1。

表2-1 社会责任消费的概念与定义

作者	时间	概念	定义	备注
Fisk	1973	Responsible Consumption（负责任的消费）	Responsible consumption refers to rational and efficient use of resources with respect to the global human population 负责任的消费是指对全球人口的资源进行合理和有效的利用	
Webster	1975	Socially Conscious Consumer（社会意识消费者）	The socially conscious consumer can be defined as a consumer who takes into account the public consequences of his or her private consumption or who attempts to use his or her purchasing power to bring about social change 将个人消费的公共结果考虑在消费决策中或以购买权利促进社会变迁的消费者	首先明确提出社会意识消费者的定义
Antil	1979	Socially Responsible Consumption（社会责任消费）	Socially responsible consumption as those behaviors and purchase decisions made by consumers that are related to environmental-resource problems and are motivated not only by a desire to satisfy personal needs, but also by a concern for the possible adverse consequences of their consequent effects 消费者在做出有关环境、资源问题的购买决策与行为时，不但会考虑个人需要的满足，而且会关心可能导致的不利后果	关注环境问题
Roberts	1995, 1996	Socially Responsible Consumer（社会责任消费者）	One who purchases products and services which he or she perceives to have a positive (or less negative) impact on the environment or uses his/her purchasing power to express current social concerns 购买对环境有积极影响的产品与服务，或利用自己的购买权力表达对当前社会的关切	从关注环境问题延伸到同时包含社会层面问题

续表

作者	时间	概念	定义	备注
Mohr、Webb 和 Harris	2001	Socially Responsible Consumer Behavior（社会责任消费者行为）	A person basing his or her acquisition, usage, and disposition of products on a desire to minimize or eliminate any harmful effects and maximize the long-run beneficial impact on society. 在购买、使用与处置产品的过程中，追求最小化或降低任何不良影响，最大化对社会的长期有益影响	与企业社会责任相关联；由购买决策阶段延伸至购买、使用、处置阶段，涉及消费全过程
于阳春	2007	消费者的社会责任	指消费者在购买、使用商品和接受商品性服务时，应该承担的自觉抵制直接或间接危害社会可持续消费和生产的商品和行为，以维护社会整体利益和长远利益的道义责任	强调抵制不负责任企业的产品与服务
阎俊、佘秋玲	2009	社会责任消费行为	在消费的每个环节中主动履行保护环境、节约资源的社会责任，有意识地发挥消费权的作用，以维护社会正义、促进良好社会风尚、支持本国经济发展、追求和谐可持续发展的行为	关注点是行为

资料来源：根据相关文献整理。

三、社会责任消费的维度划分与测量

随着社会责任消费概念、定义的不断完善，有关其测量量表的研究也在持续开展。学者们起初主要通过借鉴一般社会行为量表对社会责任消费进行测量。Gough 和 McClosky（1952）以及 Harris（1957）较早开发了社会责任量表，他们都对在校学生的社会责任态度进行了测量。1964 年，Berkowitz 和 Lutterman 通过借鉴 Harris 的量表开发了社会责任量表（Social Responsibility Scale，SRS），该量表以日常生活中的社会责任为主要测量对象，并未测量消费行为。Anderson（1972）在社会意识消费者研究中使用了 Berkowitz 和 Lutterman 的量表，研究结果表明，消费者的一般社会责任水平越高，其在进行消费决策时的社会意识倾向就越强，也更加愿意通过自身的购买行为去改善环境与社会福利。

20 世纪七八十年代，环境保护主义兴起，社会责任消费的测量也偏重于环保议题。代表性的研究有 Webster（1975）的社会意识消费者指数（Socially Conscious Consumer Index，SCC）和 Antil（1979）的社会责任消费行为量表（Social-

ly Responsible Consumption Behavior Scale，SRCB）。这一时期的研究逐渐增强了对量表科学性的重视，量表的信度和效度成为关注的焦点，如 Antil（1979）采用了多种方法检验自己开发量表的有效性。

20 世纪 90 年代以来，社会责任消费的测量范围不断扩展，测量维度逐渐增多，朝着多元化方向延伸，测量内容渐趋丰富和完整，量表的开发过程更为规范、严谨、科学。Roberts（1995）将社会责任消费行为划分为两个维度以对其进行测量，这两个维度分别是生态意识消费者行为（Ecologically Conscious Consumer Behaviors，ECCB）和社会意识消费者行为（Socially Conscious Consumer Behaviors，SCCB）。2006 年，Francois-Lecompte 和 Roberts 开发了以法国消费者为研究对象的社会责任消费量表，该研究以 Roberts（1995）的社会责任消费行为量表为基础，综合考量消费者在产品、营销、公司以及国家层面的道德意识，形成了包含五个维度的量表，即基于企业责任行为的消费、购买有善因营销行为的产品、支持中小企业、支持国货与适度消费。该量表使社会责任消费的测量有了一个新的研究视角，在量表开发研究中被广泛采用（Pérez-Barea et al.，2015；Pérez-Barea et al.，2018；Castaño et al.，2016）。Webb 等（2008）开发的社会责任购买与处置量表（Socially Responsible Purchase and Disposal Scale，SRPD）强调从商品购买、使用到处置全过程考量社会责任行为。在我国，阎俊和佘秋玲（2009）、辛杰（2011）、肖捷（2012）以及许英杰、张蕙和刘子飞（2015）等分别开发了中国情境下的社会责任消费行为量表（见表 2-2）。在这些量表中，阎俊和佘秋玲的量表影响较大，他们借鉴了 Francois-Lecompte 和 Roberts（2006）的量表，开发了中国消费者社会责任消费行为量表。

Roberts（1995）和后来的 Webb 等（2008）都注意到，由于社会责任的动态本质以及消费者对企业社会责任和环境问题的认识正在发生重大变化，因此需要不断改进衡量社会责任消费的方法（Sudbury-Riley and Kohlbacher，2015）。不同学者在量表开发过程中所遵循的规范、应用的方法也存在一定的差异。学者们有的测量意向，如 Antil（1984）；有的测量行为，如 Webb 等（2008）；有的则未对此做出区分。如此情形必然影响普适性量表的最终形成。另外，社会责任消费量表的开发不可避免地会受到社会赞许性反应（Social Desirability Response）的影响。社会赞许性是指社会舆论的赞成或反对程度对问卷或量表中题目作答的影响程度。面对存在社会赞许性的问题，被调查者往往倾向于以肯定的答案回答那些受社会赞许的行为，而以否定的答案回答不受社会赞许的行为（韦嘉等，2015）。社会赞许性反应会降低量表的可信度。然而，已有研究中仅有少量学者考虑到了这一问题。本书将尝试开发旅游者社会责任消费意向量表，该量表与社会责任消费量表既有联系又存在差异，研究过程将充分借鉴国内外研究在开发流程、方法、量表内容以及存在问题等方面的积极成果与有益经验。

表2-2 社会责任消费意向、行为测量量表

作者	时间	构念	测量维度	样本	备注
Anderson	1972	Socially Conscious Consumer 社会意识消费者	8个问项，涉及一般社会责任	412（美国）	—
Webster	1975	Socially Conscious Consumer Index 社会意识消费者指数	8个问项，7个与环保有关，1个与企业社会责任有关	227（美国）	测量行为
Antil	1979	Socially Responsible Consumption Behavior Scale 社会责任消费行为量表	40个问项，均与环保有关	690（美国）	测量意向
Roberts	1995	Socially Responsible Consumer Behavior 社会责任消费者行为	26个问项，两个维度：环保与企业社会责任	605（美国）	测量行为
Francois-Lecompte和Roberts	2006	Socially Responsible Consumption 社会责任消费	20个问项，5个维度：基于企业责任的消费；购买有善因营销行为的产品；支持中小企业；支持国货；适度消费	522/714（法国）	测量行为
Webb、Mohr和Harris	2008	Socially Responsible Purchase and Disposal (SRPD) Scale 社会责任购买与处置量表	26个问项，3个维度：基于企业社会责任的购买；回收利用；避免或减少使用对环境造成危害的产品	590/295（美国）	测量行为，侧重消费全过程；考虑了社会赞许性反应
Pepper、Jackson和Uzzell	2009	Socially Conscious Purchasing 社会意识购买	6个问项，1个维度，问项涉及关注企业道德声誉、购买公平交易产品、抵制不良企业的产品等	2000/260（英国）	测量行为
阎俊、佘秋玲	2009	中国消费者社会责任消费行为量表	34个问项，9个维度：保护环境；节约能源；保护动物；监督企业和维权；支持企业的负责任行为；抵制企业的反责任行为；支持中小企业；适度消费；支持国货	231/1020（中国）	测量行为；目前国内唯一严格按照量表开发规范程序进行的研究

作者	时间	构念	测量维度	样本	备注
辛杰	2011	中国消费者社会责任消费行为	34个问项，6个维度：利益相关者责任；维权与监督；环保节约与循环经济；适度消费与自然性情；品质保证与感知质量；保护动物与消费禁忌	820/744（中国）	借鉴了 Webb、Mohr 和 Harris（2008）以及阎俊、佘秋玲（2008）开发的社会责任消费行为量表
肖捷	2012	中国情境下社会责任消费行为量表	25个问项，6个维度：支持企业善因营销；支持履行高级社会责任的企业行为；惩罚不负基本责任的企业行为；购买习惯环保；回收再用；生活习惯低碳	389/358（中国）	采用了 Webb、Mohr 和 Harris（2008）的量表
许英杰、张葱、刘子飞	2015	中国消费者责任消费指数	社会责任信息关注度、产品购买倾向影响度和责任产品支付意愿三个维度	3004（中国）	—
Castaño 等	2016	Socially Responsible Consumption 社会责任消费	21个问项，4个维度：支持面向外部的企业社会责任；支持面向内部的企业社会责任；消费合理化；关注健康	232名哥伦比亚研究生；456名墨西哥学生	
Pérez-Barea 等	2018	Socially Responsible Consumption Index 社会责任消费指数	二阶单因子模型	807（西班牙）	采用了 Francois-Lecompte 和 Roberts（2006）的量表

资料来源：根据已有文献整理形成。

四、社会责任消费意向与行为的差距

在社会科学研究领域有一个持续存在的问题，即人们说到或想到他们应该做什么与他们真实地做到什么之间存在差距（Locke，1983）。事实上，早在1969年 Wicker 就指出，一般态度对特定行为的预测能力较弱。良好的心愿并非总能付诸实践（Carrigan and Attalla，2001）。人们说他们会做什么并不反映他们实际做了什么（Sharpley，2014）。Roberts（1996）指出，人们说了什么和最终做了什么常常是两回事。Roberts 发现，仅有20%的有社会责任感的消费者在上一年度确实有过购买绿色产品的行为。Davies 等（2002）的历时研究表明，人们的回收再利用意向并不能预测行为。2008 年，麦肯锡公司针对 8 个国家（包括中国）的消费者的调查结果表明，尽管关注环境和社会问题的消费者占比 53%，但这53% 的人并没有实施相应购买行为的意愿，虽然愿意支付溢价以响应可持续消费的消费者占比 13%，但他们在当下也没有切实的行为。国内学者邓新明等（2011）对消费者响应企业伦理活动的情况进行了实证调查，研究发现，正面响应过企业伦理行为的消费者占比高达 44%，但其中真正有过购买行为的消费者只占 12%，表明"说到但未做到"的消费者占比近 32%。

很多学者对意向与行为差距的形成原因进行了有益的探索，相关研究可大致划分为两类。一类从研究方法角度寻找原因，认为部分差距归结于消费者研究中所使用的调研方法（Auger and Devinney，2007），许多量表衡量未来的意向，而不是探究与实际行为相关的问题（Andorfer and Leibe，2012）。任何量表都存在潜在的问题，受访者可能会夸大或记错实际行为，在调查动机和态度时，由于社会期望等原因，被调查者往往会高估购买的可能性（Liebe et al.，2014）。另一类主要通过构建模型进行解释。在这类研究中，较为典型的是对计划行为理论模型的修正。根据理性行为理论（Theory of Reasoned Action，TRA）（Fishbein and Ajzen，1975）和计划行为理论（Theory of Planned Behavior，TPB）（Ajzen，1991），行为意向是行为的直接决定因素。因此，影响这一路径的任何因素都可能导致意向与行为差距的出现。Carrington 等（2010）通过整合实施意向（Implementation Intentions）、实际行为控制（Actual Behavioural Control）与情境（Situational Context）三个变量构建了一个解释伦理消费者意向与行为差距的概念模型（未作实证检验）。该模型认为意向通过实施意向影响行为，实际行为控制与情境调节实施意向对行为的作用。Hassan 等（2016）以拒绝购买血汗工厂生产服务为案例，通过历时研究证实：意向和行为之间存在巨大鸿沟；实际行为控制在意向对行为的影响中没有显著的调节作用；行动计划在意向对行为的影响中起完全中介作用。Grimmer 和 Miles（2017）通过大样本对 Carrington 等（2010）提出的模型进行了实证检验，研究发现，实施意向在意向与支持环境的消费者行为之间起中介作用；实际行为控制和环境参与调节实施意向与行为之间的关系；购物情境对意向与实施意向之间的关系具有调节作用。郭赟（2019）通过实证研究证实，消费者绿色消费执行意向是中介变量，消费意向会通过执行意向影响购买行为。Bray 等（2011）构建了一个阻碍伦理消费的因子模型，提出价格敏感性、个人经验、缺少信息、产品质量等因素会阻碍消费者进行伦理消费。

此外，个别研究还通过定性方法进行原因探索。Carrigan 和 Attalla（2001）发现，产品的价格、质量以及购买的便利性会影响实际的伦理购买行为；如果他们觉得自己真的能有所作为，受访者似乎会做出道德上的选择，但这似乎取决于他们是否拥有足够的信息。Devinney 等（2010）提出，在调查中，消费者可能会表现出负责任的愿望，但在市场上，当采取行动时，这些动机很容易与价格、质量和便利性等其他属性进行交换。Bray 等（2010）指出，对一些消费者而言，在购买行为中存在惯性，这使其决策过程缺乏伦理考虑；一些消费者通过没有道德消费行为后的愧疚感来表达他们的道德观；另一些人则由于对质量的担心或对责任的彻底否定（不相信产品的伦理特性）而不愿进行道德消费。邓新明（2014）的研究发现，导致伦理购买意向与购买行为之间不一致的影响因素除了伦理消费者自身的特质（如道德成熟度）外，还包括消费者无法控制的消费情境因素（如社会环境）。综合来看，社会责任消费意向与行为之间差距的形成受到多重因素的影响，是一个较为复杂却又有章可循的过程。从已有研究成果来看，采用定性研究方法，如深度访谈法，能够更为全面、深入地把握差距形成的原因。

近年来，已经有学者关注到了旅游者亲社会意向与行为的差距。Stanford（2006）在研究负责任旅游者行为时指出，制约负责任行为的不是旅游者的态度或价值观，而是外部限制因素。他所指的外部因素包括旅行指南、行为准则、游客管理、信息、教育与沟通等。不难想象，旅游者社会责任消费意向作为一种亲社会行为意愿，将不可避免地出现言行不一的情况。正如 Belk、Devinney 和 Eckhardt（2005）提出的观点，他们认为在日常生活的特定情境中，消费者常常会展现出意向（或态度）与实际行为之间的差异，而采用定性研究方法能够显著且有效地验证这些情境因素。基于此，本书将借鉴前人的研究，采用定性方法，对通过问卷调查获取的开放式问题答案进行定性分析，以系统地认知旅游者社会责任消费意向通向行为的影响因素。

第二节 社会责任消费影响因素研究回顾

影响因素、形成机制是社会责任消费研究的热点领域。目前，国内外的相关研究涉及消费者人口特征、价值观念、情绪以及整合模型等众多方面，取得了极为丰富的研究成果。从研究设计出发，本书将从人口统计学特征、社会心理因素以及整合模型三个方面进行文献梳理。

一、人口统计学特征对社会责任消费的影响

在社会责任消费意向（行为）的影响因素研究中，人口统计学特征一直备受关注。研究者们试图将社会责任消费者的人口特征勾勒出来，从而揭示人口特征对社会责任消费的影响。然而，不同学者的研究结果并不一致，相互间存在较大差距，有的甚至完全相反。

本书根据相关研究成果完成的时间顺序，对有代表性的研究结论进行了梳理，相关研究结果如表2-3所示。Anderson和Cunningham（1972）的研究发现，社会意识消费者是具有较高职业成就和社会经济地位且比中年人略微年轻的成年人。Webster（1975）则给出了社会意识消费者的一幅画像：她们是富裕的中产阶级，受过良好的教育，为当地社区所容纳，是社会规则的遵守者；即使不被广泛接受，也会坚持进行社会责任消费；她们以自己的行动影响社区和周围的世界。Antil（1984）发现，家庭规模、社会经济地位、受教育程度、职业以及收入与社会责任消费都不存在显著的关系。Roberts（1993）专门研究了社会责任消费者行为的性别差异，发现女性作为消费者在行为和决策上更关心他人和社会。他的另一项研究通过聚类分析得出以下结果：社会责任消费者是有着大学学历、已婚且有自己住宅的人（Roberts，1995）。Carrigan等（2004）关于老年市场的研究表明，老年人在购买行为上有一种共同的道德责任感。Chen和Kong（2009）对中国消费者的社会责任消费意识（关注企业社会责任）进行了研究，发现婚姻状况、性别对社会责任消费的影响比其他因素更强，已婚人士、女性群体有更强的社会责任消费意向。Singh（2009）针对印度消费者的研究发现，城市化水平与社会责任消费显著正相关；年龄、收入与社会责任消费显著负相关；年轻女性比同龄男性更加关注社会责任消费。Brookshire和Norum（2011）研究发现，年龄和性别是影响消费者溢价支付意愿的重要因素，年轻的消费者比年长的消费者更愿意为购买有机棉衬衫支付溢价，女性消费者更愿意为可持续的棉质衬衫支付溢价。Durif等（2011）有关社会责任消费的聚类分析结果表明，50岁左右的女性在得分最高的一组占据绝对优势，这一结果证实了Carrigan等（2004）的研究结论，即社会责任行为随着年龄的增长而增加。辛杰（2011）对中国消费者的考察发现，医生、教师、律师、中年专业人员、技术人员等收入水平较高的群体

表 2-3 人口统计学特征与社会责任消费行为（意向）的相关关系

研究者	因变量	样本来源	自变量				
			性别	年龄	受教育程度	收入	婚姻状况
Anderson 和 Cunningham（1972）	社会意识消费	美国	—	—	—	正相关	—
Webster（1975）	社会意识消费	美国	女性	不显著	正相关	正相关	—
Antil（1984）	社会责任消费	美国	不显著	不显著	不显著	不显著	—
Roberts（1993）	社会责任消费行为	美国	女性				
Roberts（1995）	社会责任消费行为	美国			正相关		已婚
Carrigan、Szmigin 和 Wright（2004）	伦理消费	英国	—	正相关			
Chen 和 Kong（2009）	社会责任消费意识	中国	女性	—	—	—	已婚
Singh（2009）	社会责任消费	印度	女性	负相关		负相关	
Brookshire 和 Norum（2011）	责任产品溢价购买意向	美国	女性	负相关			
Namkung 和 Jang（2017）	绿色饭店溢价支付意向	美国	不显著	负相关	不显著	不显著	
许英杰、张蕙、刘子飞（2015）	社会责任消费意识	中国	不显著	负相关	不显著	正相关	
Gandhi 和 Kaushik（2016）	社会责任消费行为	印度	不显著	负相关	负相关	负相关	
Becchetti 等（2018）	责任产品购买	意大利	女性	—	—	—	
Pérez-Barea 等（2018）	社会责任消费	西班牙	女性	正相关			
Yu、Cao 和 Tan（2019）	亲社会消费	英国	不显著	—	不显著	不显著	

注："—"代表未对此项做研究。

资料来源：根据相关文献整理。

更为关注企业对社会责任的履行程度，他们对此的期望值更高，也更加敏感；拥有大专学历、"70 后"、机关或事业单位干部、处于社会中层的私营企业一般员工有着更为旺盛的消费维权监督需求；国有（集体）企业一般员工、女性机关或事业单位干部（办事员）对循环经济、环境保护有更高的期望值。许英杰、张蕙、刘子飞（2015）对中国消费者社会责任消费意识（社会责任信息关注度、产品购买倾向影响度和责任产品支付意愿）的研究发现，区域、年龄、家庭规模、个人月消费支出对责任消费意识的影响存在显著差异。Gandhi 和 Kaushik（2016）的研究发现，不同性别之间不存在社会责任消费行为上的差异；受教育程度与社会责任消费行为负相关；中等、低等收入的年轻人更愿意进行社会责任消费。Namkung 和 Jang（2017）对消费者是否愿意为绿色餐厅支付额外费用的研究表明，除年龄外（年轻群体显著高于年长人群），餐厅顾客支付意愿在性别、教育程度或家庭收入水平上没有显著差异。Becchetti 等（2018）的研究证实，女性明显更愿意选择负责任产品，其社会责任消费行为倾向性更强。Pérez-Barea 等（2018）的最新研究表明，女性的社会责任消费水平高于男性，加入非政府组织增加了人们成为社会责任消费者的可能性。而 Yu 等（2019）的研究结果显示，亲社会消费（Pro-social Consumption）在性别、教育、收入、职业等人口统计学特征之间的差异不显著。

在 Roberts（1995）看来，早期关于社会责任消费者的人口统计学特征影响的研究结论不一致的原因主要有以下五个方面：一是对依据不同规则借鉴而来的量表进行了过度使用；二是对社会责任消费有不同的界定；三是使用的样本多为方便抽样所获取；四是量表的设计与测量存在缺陷；五是重复验证的缺失。然而，尽管关于人口统计学特征影响的研究结论不一致（Roberts，1995），但其作用却是显而易见的（Namkung and Jang，2017）。社会责任消费者在人口统计特征上的一些共性也在众多研究中也得到显现，如女性、高教育水平、高收入和受尊重的职业等（陈启杰、武文珍，2012）。基于此，本书将进一步检验人口统计学特征与旅游者社会责任消费意向的关系，以掌握具有社会责任消费意向的旅游者的人口统计学特征，进而为相关机构开展管理、营销工作提供参考。

二、社会心理因素对社会责任消费的影响

消费者的行为是态度、动机和价值观的结果，这些变量是消费者购买决策与消费行为的依据（Adomaviciute，2013）。Hosany 和 Gilbert（2010）认为，情感因素对消费者的行为意向具有重要影响。自社会责任消费概念提出以来，有关社会心理变量对其影响的研究便一直是热点。

Anderson 和 Cunningham（1972）对教条主义、保守主义、社会地位意识、世界主义等心理变量进行了研究，结果发现，具有高度社会意识的消费者通常更加国际化，且不那么教条，不那么保守，不那么在意地位，不那么疏远。Websters（1975）研究了社会意识消费者在支配欲、责任感、社会化、容忍度四个心理特征上的表现，发现：社会意识消费者不是社区的中坚力量，他们的社会责任

得分很高，广泛参加各类社区活动；他们更多的是女性，会与自己坚持的责任原则保持一致，履行可能不被广泛接受的购买行为；同时，他们不太会去评判他人的价值观与行动，认为商业有很大的力量，或许可以把他们看作影响力微弱的反主流文化成员。Brooker（1976）针对自我实现型社会意识消费者的研究表明，自我实现得分高的人更高频率地出现在了社会意识消费者人群。他进一步指出，从理论视角看，这意味着一个人的心理健康程度越高，越有可能采取行动去了解他人的需要。Antil（1984）在检验了保守主义、环境关切、知识和传统社会责任等变量与社会责任消费的关系后提出：社会责任消费者更可能居住在城区，倾向于参加社区活动，他们更加自由但不激进，他们倾向于看到自己在邻里间的影响力但又不强势，他们是社会的批判者，但又不会疏远或过分批评社会；他们有积极的自我概念，相信自己的个人能力，对自己的人生和未来保持乐观，他们更加在意健康与体力活动，热爱文化活动，是会讨价还价的购物者；同时，他们更加关注和了解环境与环境问题，相信通过自己的个人力量有助于解决这些问题。

价值观被认为是一种比人口统计学特征更有效的描述消费者和细分市场的指标（Boote，1981；Kennedy et al.，1988）。Dickson 和 Littrell（1996）指出，具有普世价值观的消费者有着积极的社会责任消费意向。Follows 和 Jobber（2000）研究了价值观与环境责任购买行为的关系，发现消费者的自我超越价值观与环境责任购买行为显著相关。Doran（2009）通过研究证实，在个人价值观和公平贸易消费（购买公平贸易产品）之间确实存在着显著的互动关系。Crilly 等（2008）指出，价值观有助于确定道德关注的首要方面，而情感可能提供参与负责任行为的动力。Pinto 等（2011）发现，社会取向价值观与环境意识正相关，较高的社会取向会导致更多的环境责任消费。Hedlund（2011）使用普遍主义（Universalism）、权力、成就和仁慈对旅游者价值观进行测量，通过结构方程模型（SEM）进行相关分析，研究结果表明，普遍主义与接受经济损失及保护环境的意愿程度相关，且与购买生态旅游产品意图、环境关心意愿程度之间均存在显著的正相关关系。Manchiraju 和 Sadachar（2014）对个人价值观与时尚产品道德消费之间关系的研究表明，自我提升价值观与时尚产品道德消费行为（意向）之间存在显著负相关关系，开放性与之积极相关，而自我超越价值观与其相关关系并不显著。杨晓茹、孙剑和李锦锦（2015）的研究表明，消费者集体主义价值观正向影响责任消费的社会积极态度和个人积极态度；消费者进行责任消费的个人积极态度对其监督维权行为、善因消费行为和生态消费行为具有正向影响；消费者进行责任消费的社会积极态度对消费者的善因消费行为与生态消费行为有正向影响。

感知消费者效能对社会责任消费的影响也受到了学者的广泛关注。李南（2014）关于中国消费者的研究检验了感知消费者有效性和感知个人努力程度两个变量对社会责任消费行为的影响，研究发现，感知消费者有效性对资源节约责任消费行为、环境友好责任消费行为、监督维权责任消费行为均具有积极影响；感知个人努力程度对资源节约责任消费行为不发生作用，对环境友好责任消费行为具有负向影响，对监督维权责任消费行为具有积极作用，对利益相关者责任消费行为具有消极作用。胡保玲和代梦阳（2017）通过对我国山东省城镇居民社会责任消费行为的研究发现，感知消费者有效性、感知个人努力程度分别会对环境保护消费行为和适度消费行为产生直接影响，积极情绪部分中介上述两个自变量对社会责任消费行为的影响。

此外，有关情感因素、知识水平以及宗教信仰等因素对社会责任消费的影响也受到了关注。例如，Steenhaut 和 Van Kenhove（2006）发现，诸如内疚之类的情绪往往比积极情绪更能有效地驱动道德行为。Malone、McCabe 和 Smith（2014）的研究证实，傲慢和厌恶等负面情绪在面对道德选择以及当前和未来的道德行为时具有积极作用。Dickson（2000）在对女性消费者的专门研究中发现，当消费者有更多的知识和关注时，他们对真正负责任的商业目标的支持就会增加。Kozar 和 Connell（2013）的研究结果表明，对社会和环境问题了解更多、态度更坚定的消费者更有可能实施对社会和环境负责任的服装购买行为。

综上可知，从社会心理角度研究社会责任消费的影响因素是一个热点，涉及个性心理特征（如责任感、容忍度等）、价值观（如自我超越、自我提升、集体主义等）、社会心理因素（如感知消费者效能、感知个人努力程度等）、情感因素（如内疚、消极与积极情绪等）、知识以及宗教信仰等。不同的研究在呈现出丰富而有价值的成果的同时，也存在结论相悖的情况，这说明该领域的研究还存在很大的探索空间。

三、整合模型

很多学者尝试应用、修正或整合已有理论模型构建社会责任消费意向（行为）的形成机制。其中以对计划行为理论（Theory of Planned Behavior，TPB）的应用、修正最为普遍。计划行为理论认为，意向是行为的直接决定因素，而态度（指个体对执行某特定行为喜爱或不喜爱程度的评估）、主观规范（指个体在决策是否执行某特定行为时感知到的社会压力）和感知行为控制（指个体感知到执行某特定行为容易或困难的程度）会对意向产生影响。

计划行为理论是解释人类行为的最具影响力的社会心理模型之一（Armitage and Conner，2001）。学者们应用该理论在绿色酒店选择意向（行为）、伦理消费意向（行为）、亲环境行为等与社会责任消费相关的领域开展了广泛的研究。

Han 等（2010）研究了消费者的绿色酒店住宿意愿，研究结果证实：态度、主观规范和感知行为控制对绿色酒店的选择意愿有正向影响；在积极从事生态友好活动的消费者和日常生活中不经常从事环保行为的消费者之间，这些预测因素和意愿之间的路径没有统计学差异。Chen 和 Peng（2012）对前往欧洲的中国游客入住绿色酒店的意向进行了研究，结果发现：当游客感知自身的绿色酒店知识水平较低时，主观规范对意向有积极作用；当游客感知自身绿色酒店知识水平较高时，态度和感知行为控制对意向有积极作用。Teng 等（2015）将利他主义引入计划行为理论以解释消费者选择绿色酒店的意愿，研究表明：态度、主观规范和感知行为控制显著影响绿色酒店选择意向；主观规范显著影响态度，且在所有的前因变量中，主观规范对意向的影响最为显著，主观规范越高，选择绿色酒店的意愿越强；利他主义对意向有显著的直接影响，同时也对态度和感知行为控制存在影响。

Oh 和 Yoon（2014）关于伦理消费意向的研究表明，道德义务、自我认同通过态度的中介作用影响意向，即一个人道德义务感越强，自我认同水平越高，利他主义倾向越大，越有可能对伦理消费抱持支持态度；利他主义对伦理消费意向有显著的积极作用，利他主义意识越强，伦理消费的意愿越大；主观规范对意向的影响不显著，即社会压力对伦理消费意向的影响不大；积极情感正面影响意向。Fukukawa（2002）采用 TPB 研究了与社会责任消费相悖的对具有伦理问题的产品或服务的购买行为（如购买盗版和山寨产品、骗保、逃税等），研究证实了态度、主观规范和感知不公平对购买意向的正向影响，而感知行为控制对意向的影响没有得到数据支持。

Han（2015）通过整合计划行为理论与价值信念规范理论，研究绿色住宿情境下的旅游者亲环境意向的形成机制，结果证实非绿色替代品的吸引力具有显著的调节作用，也就是说，当顾客觉得其他选择的吸引力较低时，态度、感知行为控制和道德义务在形成意向方面的作用更为重要。Goh 等（2017）对与社会责任消费相悖的游客行为，即在国家公园内走小路（非指定路径）的意向进行了研究，结果表明：主观规范对意向的影响最大，他人对游客不走指定路径具有强大的影响力；其次是态度对意向的影响，感知行为控制的影响并不显著；新增变量"亲环境价值观"对意向没有影响。研究者最后指出，亲环境价值观更适合预测一般性的环境价值问题，而 TPB 对特殊的行为意向的预测力更强。Lee 和 Jan（2018）研究了游客的生态旅游意向与行为，他们融合了计划行为理论、技术接受模型（Technology Acceptance Model）、价值信念规范理论与社会认同理论四种理论（模型），结果证实感知生态旅游有用性、生物圈价值观、生态旅游自我认同、环境态度、主观规范与感知行为控制都会通过不同的路径（直接或间接）积极影响生态旅游意向和行为。

Han 和 Stoel（2017）对采用 TPB 解释社会责任消费者行为的研究进行了元分析，他们的研究主要解决了三个问题：第一，计划行为理论中预测社会责任消费意向的三个因子，即态度、主观规范和感知行为控制，哪个预测效果最强？研究结果表明，态度最强，主观规范次之，且两者的差距很小，最差的是感知行为控制。第二，有哪些外加变量，预测效果如何？通过对应用最多的外加变量——道德规范、自我认同和环境意识进行比较，发现三个变量均能显著提高模型预测力。在 TPB 中加入道德规范时，模型整体预测力由 39.7% 增长到 41.3%；加入自我认同时，整体预测力由 32% 增长到 34.9%；加入环境意识时，整体预测力由48.8% 增加到了 50.7%。第三，有哪些调节变量，存在怎样的作用？主要考察了产品类型、研究地点和伦理议题三个变量的作用，结果表明：①在产品类型方面，主观规范对意向的影响在购买服装类产品时较强（强于购买食品和酒店、旅游类产品），态度对意向的影响在购买旅游类产品时最强；②在研究地点方面，主观规范和感知行为控制对意向的影响在亚洲地区更强，在欧洲和美国，态度对意向的影响强于主观规范对意向的影响；③在伦理议题方面，主要考察了环境保护和支持人权两项，结果表明，态度和主观规范对社会责任购买意向的影响在环境保护议题上强于支持人权议题。

国内学者对计划行为理论同样抱有热情。武文珍和陈启杰（2011）以 TPB 为研究视角，尝试对社会责任消费行为的形成机制做出解释，他们提出了理论框架（未做实证分析）：道德意识、社会责任消费态度、社会认同、消费者感知努力程度是形成社会责任消费意向的前置因素，消费者所拥有的社会责任消费信息和知识调节社会责任消费意向向社会责任消费行为的转换。涂迪思（2013）认为，态度、主观规范、知觉行为控制是形成社会责任消费意向的前置因素，消费者的知识和信息是意向与行为之间的调节变量（未做实证检验）。王财玉和雷雳（2015）从影响社会责任消费的心理距离进行分析，认为社会责任消费的形成机制主要包括三类：①远端机制，即进化心理机制，阐述了作为人类进化结果的亲社会偏好是如何影响社会责任消费的；②中端机制，即社会规范机制，阐述了外部的社会规范（命令性规范与描述性规范）是如何发挥作用的；③近端机制，即态度—行为（意愿）模型，主要阐述了消费者内部心理因素的影响。其中提到的近端机制与计划行为理论相近。邓新明（2012）基于 TPB 视角，对中国情境下的消费者伦理购买决策机制进行了深入分析，研究表明：消费者的伦理购买行为（意向）会受到主观规范、行为态度与感知行为控制的显著影响，其中对购买意向最具影响力的预测变量是主观规范，表明中国情景下消费者在进行伦理购买决策时更加倾向于遵从社会规范的影响；消费者伦理购买意向不仅受感知行为控制的直接显著影响，还受感知行为控制在态度中介作用之下的间接影响。另外，邱宏亮（2017）以 TPB 为基本理论框架，将地方依恋与道德规范引入 TPB，构建了影响出境游客文明旅游行为（意向）的作用机制模型，研究结果表明：感知行为控制、主观规范、地方依恋及道德规范均通过，行为态度的中介作用对出境游客文明旅游行为意向产生间接影响；主观规范对行为态度同时存在直接与间接影响，其中间接影响是通过道德规范的中介作用产生的；在驱动出境游客文明旅游行为意向的众多因素当中，行为态度是最为重要的预测因素。相较于国外，国内实证类研究不足的问题较为明显。

Han 和 Stoel（2017）关于计划行为理论在社会责任消费中的应用的元分析表明：一方面，计划行为理论受到了广泛的欢迎，模型具有不错的预测能力；另一方面，计划行为理论的预测力会在添加新的变量、更换研究情境等情况下有所变化。因此，在采用这一理论时应根据研究问题的特殊性，寻找理论依据，对模型进行适宜的改进与完善，以提高预测水平。本书拟构建旅游者社会责任消费意向影响机制模型，将以计划行为理论以及上述内容所涉及的研究方法、过程、结论为基础展开研究。

四、总结与展望

自社会责任消费概念提出以来，学者们对这一行为（或意向）主体的特征便表现出了极大的兴趣，试图有效识别这一特殊的细分市场。于是，社会责任消费者的人口统计学特征便成为早期研究的一大热点。然而，众多的研究却得出了不同的结论，有的甚至相互冲突，从年龄、受教育程度、收入水平方面似乎无法判定社会责任消费者的基本"相貌"。一个较为一致的认识是他们以女性居多，但有的研究中这一性别上的差异并不显著。另外，在早期的人口统计学特征变量研究中常伴有对个性特征的研究，考察责任感、疏离感、保守主义、开放性、世界主义等个性特征在社会责任消费者身上的表现。从前文中 Anderson 和 Cunningham（1972）、Webster（1975）、Brooker（1976）以及 Antil（1984）的描述可以看出，社会责任消费者普遍积极融入社会，具有较强的社会责任感。

随着研究的不断深入，研究的关注点逐渐地从人口统计学特征转向了社会心理变量，价值观成为被关注的热点之一，其中自我超越价值观、普世价值观、集体主义价值观等被证实会积极影响消费者的社会责任消费行为（意向）。感知消费者效能是常出现在这一类研究中的另一个重要变量，多个研究表明这一变量会积极影响社会责任消费。另外，情绪、感知知识水平、宗教信仰、金钱伦理等变量的加入使这一研究正日益变得多元化，有效地提升了人们对社会责任消费影响因素的认识与理解。

探索并构建社会责任消费行为（意向）影响机制理论模型是近年来的研究热点，这也表明相关研究在持续向前发展。在这一研究过程中，计划行为理论被多数研究证实具有良好的预测力，因此广受推崇，涌现出了丰富的研究成果。Han 和 Stoel（2017）关于计划行为理论在社会责任消费中的应用的元分析对相关研究做了最好的总结：在 TPB 的三个前因变量——态度、主观规范和感知行为控制中，态度具有最强的预测力，其次为主观规范和感知行为控制，这些预测变量的作用又会受到道德规范、自我认同、环境意识以及产品类型、研究地点和伦理议题等变量的影响。

综上可知，已有研究从人口统计学特征、社会心理变量以及影响机制模型等方面考察了社会责任消费的影响因素，且在这些方面做了积极的、多样的、持续深入的研究，这些研究使我们对社会责任消费的认识日渐清晰：社会责任消费者以女性居多，他们具有社会责任感，积极参加社会活动；价值观、感知消费者效能乃至宗教信仰都会对社会责任消费产生影响；计划行为理论是预测社会责任消费行为（意向）的有力工具，态度、主观规范和感知行为控制对社会责任消费的影响并不绝对，会受到道德规范、产品类型等变量的影响。

然而，所有研究的最终目标均是促进行为的发生。显然，已有研究距离这一目标还有一段距离。因此，后续研究还需要做大量的工作。①需对社会责任消费者的人口统计学特征进行持续的检验，以不断明晰对这一群体特征的认识与识别；②需要对各种心理变量的影响研究做元分析，以明确相关变量的基本影响水平，为开发对策提供切入点，同时需要突破已有研究变量范畴，从更加多元的角度检视社会责任消费行为（意向）的影响因素，以为对策创新提供依据；③后续研究还需要继续依托计划行为理论，持续改进影响机制模型，不断提高模型的解释力，同时应该进一步推动规范激活理论、社会偏好理论等在社会责任消费研究领域中的应用，这些理论都是适用于亲社会行为研究的理论，而模型的不断完善是提高对策有效性的基本保证；④消费情境虽然在以往研究中有所考虑，但少有研究对此进行专门研究，而明确不同情境下的社会责任消费情况显然具有很强的现实参考意义；⑤已有研究以定量的方法为主导，从理论演绎到假设验证的占据多数，同时偏重于检验由态度到意向这一心理阶段，而在由意向通往行为的过程中存在一个"黑箱"，我们可以尝试用定性的方法去打开这个"黑箱"。

本书研究旅游者社会责任消费，但这一旅游者群体有怎样的人口统计学特征？与一般的社会责任消费者有怎样的异同？旅游者社会责任消费不同于一般的社会责任消费，是旅游者在非惯常环境（旅游地）这一特殊情境下发生的行为，其会受到哪些特殊社会心理变量的影响？计划行为理论是否适宜于解释其影响机制？已有研究为找出这些问题的答案打下了参考与对话的基础。

第三节 本书涉及的相关理论

一、计划行为理论

理性行为理论（Theory of Reasoned Action，TRB）旨在基于人类通常以理智的方式行事的假设预测人的意志行为，以理解人的心理决定因素（Ajzen and Fishbein，1980；Fishbein and Ajzen，1975）。该理论假定，一个人执行（或不执行）某一行为的意图是该行为的决定因素，除非发生不可预见的事件，否则人们会按照自己的意愿行事。根据理性行为理论，一个人的意图是两个基本决定因素的函数：一个在本质上是个人的，即个体对行为的正面或负面评价，这个因素被称为行为态度（Behavior Attitude）；另一个反映了社会的影响。个体对社会压力迫使他做出或不做出特定行为的感知，这个因素被称为主观规范（Subject Norm）。当个体对执行特定行为持更为积极的态度，且感受到更强的社会压力时，个体会产生更强的意向去执行该行为。理性行为理论提出，任何因素只能通过行为态度和主观规范来间接地影响行为。所以说，当人们对某一行为做出积极评价时，当他们认为重要的人觉得他们应该这样做时，他们就会倾向于这样做。行为态度和主观规范的相对重要性在一定程度上取决于调查的意图。对于一些意图，行为态度上的考虑可能比主观规范因素更为重要，而在其他方面，主观规范可能占主导地位，这两个因素都是意向的重要决定因素。此外，态度和规范性因素的相对权重可能因人而异。

根据理性行为理论，行为态度是由一个人对与这种行为相关结果的评估以及对结果与行为关系强度的评估决定的。简言之，态度受对有关行为可能结果的信念和对这些结果的评价的影响，因此行为信念和结果评价可用于估计行为态度。一般来说，一个人如果相信执行一个特定的行为会导致大多数积极的结果，他将持有良好的态度对待执行的行为，而一个人如果认为执行的行为会导致大多数消极的结果，他将持有悲观的态度。

主观规范是个人对特定的个人或群体认为他应该或不应该执行某种行为的感知。因为人们总是向特定的群体寻求他们的判断标准，任何参照群体都可能对个人的信仰、态度和选择产生关键影响（Moutinho，1987）。一般来说，一个人如果认为大多数他愿意遵从的人觉得他应该这样做，他就会感受到社会压力；相反，如果一个人认为大多数他愿意遵从的人觉得他不应该做这种行为，那么他会避免做这种行为。主观规范来自关于特定参照个体或群体的期望的规范性信念和遵从这些参照的动机，因此规范性信念和遵从的动机可以评估主观规范。

Hoyer 和 MacInnis（1997）将理性行为理论的三个特征作为其被学者广泛接受的原因：首先，该理论阐明了一个重要的原则，该原则假定一个人对某一行为的态度越积极，他对该行为的意向就越积极；其次，该理论考虑了他人规范在社会环境中的作用；最后，该理论包含了一个人的行为意图或行动意愿，这比行为本身更容易预测。

事实上，理性行为理论有一个重要的隐含假设：人有随意控制自己行为的能力。行为必须受意志控制的规定对该理论的适用范围施加了严格的限制。然而，在很多情况下，个体会碰到无法预料的阻碍或资源限制，这些非意志所能控制的因素会影响个体的行为能力。Ajzen（1985）指出，内部因素如个体差异、信息、技能与能力、意志力、情绪等，以及外部因素如时机、对他人的依赖等都会影响人最终的行为走向。例如，尽管一个旅游者对社会责任消费持有积极的态度，也感受到了旅游者应该进行社会责任消费的社会压力，但由于受到众多客观因素的影响，如收入因素、交通因素、制度因素等，其可能无法实践社会责任消费行为。因此，这一隐含假设严重影响了理性行为理论的解释力与预测力。为了解决这一问题，Ajzen 提出将感知行为控制（Perceived Behavior Control）加入理性行为理论模型，并将新的模型命名为计划行为理论。感知行为控制是指一个人对他或她执行特定行为的能力的感知。感知行为控制包含了行为人感知到的约束行为的潜在信息（Oh and Yoon，2014）。Ajzen（1991）进一步指出，鉴于感知行为控制是对实际条件控制状况的反映，因而这一变量不仅能对行为意愿进行预测，而且能够对实际行为发生的可能性进行直接预测。

计划行为理论的基本命题是，如果人们认为某种行为会导致一个特定的和有价值的结果，而其重要的意见参考群体又重视且支持这一行为，同时他们也有必要的能力、资源与机会进行这样的行为时，人们就可能会执行该特定类型的行为。计划行为理论尤其适用于不完全由个人控制的行为（Corby et al.，1996）。这一理论包含了考虑个人成本和从事各种行为所涉及的问题的相对深思熟虑的过程（Petty et al.，1991）。所以事实上，理性行为理论是计划行为理论的一个特例，当主观成功概率和内外因素控制程度达到最大值时，这两种理论是一致的；当成功的主观概率和实际控制不那么完美时，就需要进入计划行为理论的领域。因为补足了理性行为理论的缺陷，计划行为理论的预测水平得以提高（Cheung et al.，1999；Chang，1998；Beck and Ajzen，1991），被广泛应用于社会行为研究的许多领域（Huff and Alden，2000）。计划行为理论的逻辑框架如图2-1所示。

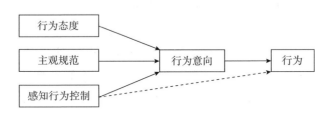

图2-1 计划行为理论

资料来源：Ajzen（1985）。

目前，有关社会责任消费的很多国内外研究用到了计划行为理论（武文珍、陈启杰，2011；邓新明，2012；邱宏亮，2017；Han，2015；Chen and Peng，2012；Oh and Yoon，2014；Teng et al.，2015）。Han 和 Stoel（2017）关于计划行为理论在社会责任消费中的应用的元分析结果证实了 TPB 的预测力，他们指出：在 TPB 的三个前因变量——态度、主观规范和感知行为控制中，态度具有最强的预测力，其次为主观规范和感知行为控制；而这些预测变量的作用又会受到道德规范、自我认同、环境意识以及产品类型、研究地点和伦理议题等变量的影响。这一研究结果与计划行为理论的创始人 Ajzen 提到的内容保持一致：作为一个一般性的理论，TPB 具有高度概括性，需要在特定的研究情境下纳入新的关系与新的变量，以提高其对特定行为的解释水平。因此，计划行为理论实际上是一个有着较大延展空间的理论框架。基于以上分析，本书将以计划理论为依据，通过增加变量对模型进行改进，以对旅游者社会责任消费意向的影响机制展开研究。

二、规范激活理论

规范激活理论源自人们对助人行为影响因素的研究。Schwartz（1977）主张内部规范和价值观是助人行为的动力，激活内部规范和价值观会形成人们的道德义务感。在此基础上，Schwartz（1977）提出了规范激活模型（Norm Activation Model，NAM）。规范激活模型假设，当人们意识到自己行为的后果，并将这些后果归咎于自己时，他们更有可能表现出利他的帮助行为。当这两个条件都满足时，人们就会觉得有道义上的义务去做有益于他人的事情（Evreo et al.，2005）。简言之，规范激活理论认为，利他行为是个体规范的一种功能，个体规范由两个因素激活：结果意识和责任归属（Park and Ha，2014）。

构成规范激活模型的变量主要有三个，分别是责任归属（Ascription of Responsibility）、结果意识（Awareness of Consequence）和个体规范（Personal Norms）。责任归属是指个体对不实施亲社会行为的负面后果的责任感。结果意识是指当一个人不执行亲社会行为的时候，他是否意识到对他人或他人所珍视的其他事物的负面影响。通常情况下，特定情况令个体对其产生结果的感知越是强烈，就越有可能使个体激活个体规范，从而产生相应的利他行为。个体规范是指履行或避免具体行动的道德义务（De Groot and Steg，2009）。个体规范是社会规范的内化，是自我对道德义务的感知。违反个体规范会让个体产生罪恶感，遵守个体规范则会令其产生自豪感（李杨，2014）。很多研究结果显示，责任归属对具体行为的解释和预测并非最显著的，相反，大多数研究却证明个体规范是对具体行为最直接、最显著的影响变量（张晓杰、靳慧蓉和娄成武，2016）。Han 等（2015）提出，个体规范是规范激活框架中与亲社会意愿最相近变量，是构成该模型的核心变量（Onwezen et al.，2013）。

学者们对 NAM 三个变量之间的关系有三种解释：一部分学者认为，结果意识是责任归属的前因，责任归属又是个体规范的前因，个体规范直接作用于亲社会意向、行为（Diamond and Kashyap，1997；De Groot and Steg，2009；Han，2015）；一部分学者认为，结果意识和责任归属通过个体规范影响亲社会意向、行为（Bamberg and Schmidt，2003；Harland et al.，2007）；还有一部分学者认为，结果意识、责任归属是个体规范影响亲社会意向、行为的调节变量（Schwartz and Howard，1980；Han and Hwang，2015），这些研究人员认为个体规范和亲社会行为之间的关系在那些高度意识到非亲社会行为后果的人和那些对这种行为后果高度负责的人之间尤其强烈，相反，当结果意识和责任归属较低时，个体规范不太可能影响行为，因为人们可能会否认问题或他们的责任，从而抵消他们感到的义务（Schwartz and Howard，1980）。图 2-2 呈现了这三种解释。

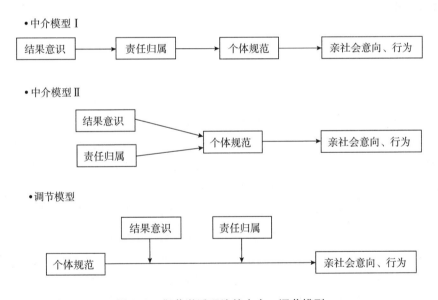

图 2-2 规范激活理论的中介、调节模型

资料来源：根据相关文献内容整理。

张晓杰、靳慧蓉和娄成武（2016）认为，NAM 有三个优势：首先，NAM 是解释、预测利他行为的有效工具，适用于对各种利他行为开展广泛研究；其次，NAM 简单且易于操作，它主要包含影响利他行为的三个关键变量——个体规范、结果意识与责任归属；最后，NAM 具有较强的包容性，研究者可根据所研究目标行为的特点尝试加入新的变量。

规范激活理论早期被应用于解释血液或骨髓捐赠（Zuckerman and Reis，1978）、志愿活动（Schwartz and Fleishman，1982；Schwartz and Howard，1980）等亲社会行为。逐渐地，大量实证研究表明，NAM 是解释亲社会、亲环境行为的有效理论。该理论在亲环境行为研究中广受欢迎，被用来解释减少汽车使用（Eriksson et al.，2006）、节约用电行为（Zhang et al.，2013）、使用公共交通工具（Klöckner and Matthies，2004）、一般环境行为（Onwezen et al.，2013）等。该理论在社会责任消费相关领域也有一定的应用（李杨，2014；龙晓枫、田志龙和侯俊东，2016；张琰等，2017）。在旅游研究领域，规范激活理论主要被用来研究旅游者的环境行为（Han et al.，2016；Gao et al.，2017）。

综上所述，旅游者社会责任消费作为一种亲社会行为适用于规范激活理论的应用范畴。本书将应用这一理论的核心思想重点检验个体规范（也即道德义务）对旅游者社会责任消费意向的影响。

三、社会偏好理论

亚当·斯密在《道德情操论》中提到："无论人们会认为某人怎样自私，这个人的天赋中总是明显地存在着这样一些本性，这些本性使他关心别人的命运，把别人的幸福看成是自己的事情，虽然他除了看到别人幸福而感到高兴以外，一无所得。"（亚当·斯密，1997）。实验经济学特别是个体行为博弈实验中发现了大量的亲社会性行为：独裁者实验中的给予行为，如 Forsythe 等（1994）发现，纵使独裁者有权占有全部物质收益，他也常常会把收益的一部分分给对方；交换礼物博弈中的互惠行为，如 Fehr 等（1996）发现，雇主给予更高的工资水平常常能够换来雇员更多的努力作为回报等；信任实验中的信任与回报行为，如 Berg 等（1995）的研究发现，投资人往往会选择信任对方并给予对方一定的投资，而代理人也常常会选择给予投资人一部分份额的回报。实验经济学家对这些亲社会行为的持续关注与研究使社会偏好理论（Theory of Social Preferences）应运而生。

Rabin（1993）创造性地提出了基于动机公平的"互利"模型，该模型被公认为是第一个正式的社会偏好理论模型。1997 年，Camerer 首次提出了"社会偏好"这一完整概念。Fehr 和 Schmidt（1999）、Bolton 和 Ockenfels（2000）将实验经济学和社会偏好相结合，进行理论模型构建与分析，社会偏好理论从此开始逐步走向完善。人们既会在意自身物质方面的收益，也会考虑他人的利益，在他们的效用函数中，社会偏好是重要组成部分。整体而言，社会偏好可大致细分为三种，即利他偏好（以社会福利偏好最为突出）、互惠偏好与差异厌恶偏好，这三种偏好分别对应着人们的善良、互助和公平特性。其中，利他偏好是指人们在进行效用评价时会考虑他人的利益，且他人利益与自身效用之间存在正相关关系；社会福利偏好则是指人们不但在意自身利益，而且会考虑社会总体福利的大小，尤其是社会当中弱势群体的利益。从以结果为评判标准的差异厌恶偏好来看，参与者只关心结果上是否公平，这说明参与者除了关心自身的利益之外，还会考虑他人的利益，并且参与者具有降低其与他人收益差异的愿望。当参与者比别人领先时，他会为了帮助别人而牺牲掉自身的利益。从以心理动机为驱动的互惠偏好来看，即使要以付出一定的成本为代价，人们依旧会以善良回报善良（陈叶烽、叶航和汪丁丁，2011）。

相比一般的消费行为，消费者在社会责任消费过程中可能会在时间、金钱和精力等方面承受一定损失，明显具有亲社会性（Griskevicius et al. , 2010）。Cui等（2003）的研究发现，Y 时代消费者（Generation Y, Gen Y）指出生于 1982～2000 年的人（这一界定认同度较高），先前的慈善捐赠行为会影响其社会责任消费。Youn 和 Kim（2008）也发现，个体的亲社会偏好（如以往的社区参与、慈善捐赠等）与社会责任消费之间存在着正相关关系。因此，社会责任消费是个体亲社会偏好在消费领域的具体表现，社会责任消费的提出也标志着亲社会偏好从社会心理学领域进入消费者行为研究之中（王财玉和雷雳，2015）。

旅游者社会责任消费强调最大化对社会、经济、文化与环境的积极影响，这与社会福利偏好相一致；同时，强调最小化对相关方面的负面影响，在享受目的地提供的各项服务的同时，避免对其造成损害，这表现出了互惠偏好倾向。旅游者社会责任消费意向从本质上来说，体现的是一种可持续发展的思想，谋求共同、公平发展，因此也包含差异厌恶偏好的内容。综上所述，依据社会偏好理论，旅游者社会责任消费完全具有存在的合理性与可能性，人们在旅游消费的过程中，不仅会关心自身的利益，也会关心他人的利益；旅游者会通过负有社会责任的消费行为，改善目的地经济、社会、文化与环境，减少消极影响，推动共同发展。

四、社会距离理论

一般认为，加布里埃尔·塔尔德（Gabriele Tarde）最早提出了"社会距离"（Social Distance）这一概念，并被学术界广泛使用。1903 年，在《模仿的定律》

（The Laws of Imitation）一书中塔尔德开创性地提出了"社会距离"，他用这一概念表征阶级之间的差异。塔尔德认为阶级之间存在着社会距离，社会距离可以反映不同阶级之间关系的亲密程度，这一程度可以被度量，进而他认为阶级差别等同于阶级距离。在塔尔德看来，社会距离是一个客观性的概念，重点关注的是不同群体之间存在的客观差异。首次将社会距离概念赋予主观性含义的学者是著名的德国社会学家齐美尔，他提出"距离"是人和人以及人和物之间存在的一种关系，"距离"的实质是它造成了一种主体与客体之间的关系，"距离"反映的是自我与周围环境间的一种关系（齐美尔，2007）。帕克（Park，1924）将社会距离定义为存在于集团之间、个体之间的熟悉与亲近程度，认为个体之间、团体之间存在的社会距离越大，相互之间的影响就越少。帕克一方面强调社会距离对于维护社会稳定具有积极的正效应，另一方面也意识到社会距离会阻碍社会进步。帕克认为，只有突破社会距离的约束，削弱传统社会秩序，才能实现种族融合、社会进步。鲍格达斯使社会距离成为社会学中普遍使用的概念，他认为社会距离几乎与所有的社会问题都有关联，并且坚决相信人与人之间存在的各种误解都可以通过测量社会距离加以解释。1925 年，鲍格达斯开发了一套用于测度不同种族间关系的量表，即"鲍格达斯社会距离量表"（Bogardus Social Distance Scale）（Bogardus，1933）。这一量表通过考量行为主体与他人或其他社会群体的交往意愿来测量某一社会群体中的成员对于他们彼此之间的距离或他们与其他社会群体成员之间距离的感知情况（艾尔·巴比，2010）。国内学者郭星华、储卉娟（2004）依据鲍格达斯的主观性社会距离概念，将社会距离重新定义为：存在于行动者心理空间中的行动者与其他行动者之间的心理距离。他们指出，A 对 B 的社会距离感知越大，那么 A 与 B 在实际生活中发生的互动行为就越少，A 愿意融入 B 的生活空间的倾向性也就越弱。

社会距离在旅游研究中也有一定的应用。科恩（1972）指出，旅游者需要一个"环境气泡"（Environment Bubble）以平衡在目的地的熟悉与陌生感受，他们通过使用熟悉的食品、交通工具与住宿设施构建"保护墙"（Protective Walls）以抵御新环境带来的陌生感。这充分表明，社会距离在旅游活动中客观存在，对目的地的陌生感与对当地居民的社会距离是一致的。旅游者感知到的对目的地居民的社会距离越大，其对目的地环境的陌生感也会越大，这种陌生感会使旅游者感受到某种威胁，从而会降低其针对目的地的积极行为（Tasci，2009）。同时，旅游消费包含"旅游者—目的地居民接触"（Tourist-Host Contact）（Anastasopoulos，1992），社会距离越大，体验接触的愿望越低，从相互接触中获得的满意与享乐感受也越低（Tasci，2009）。社会距离理论认为当他人不属于其所在群体时，一个人会较少关心他人的福祉（Charness et al.，2007）。Woosnam 和 Lee（2011）认为，如果要研究志愿旅游者的动机、利他主义水平，则应该与社会距离一同进行测量，以确定利他主义与社会距离的关系。

　　作为非惯常环境下的异地消费行为，旅游者社会责任消费必然会受到社会距离的影响。依照以往研究，旅游者对目的地的社会距离感知越大，其做出针对目的地的亲社会行为的可能性越小。本书将从旅游消费的异地性特征出发，考察在异地非惯常环境下社会距离感知对旅游者社会责任消费意向的影响。

五、总结和展望

　　计划行为理论是研究社会责任消费意向与行为关系的常用理论工具，该理论具有良好的预测效力，但分析、比较相关研究结果（包括元分析研究结果）后发现，计划行为理论仍然存在三个方面的不确定性：一是该理论的三个核心变量——态度、主观规范与感知行为控制对意向、行为的影响存在不确定性，不同的研究常常存在差异；二是该理论的预测力会受到其他变量（如道德义务、社会认同等）的影响，很多研究在加入有关变量后，预测力发生了变化（如预测力得到提升）；三是情境因素会对该理论产生影响，这些因素会调节变量间的关系。因此，在应用计划行为理论的过程中，一方面要持续、认真地检验核心变量之间的关系，以验证理论的解释、预测效力；另一方面要根据研究问题、情境的特殊性，通过增加相关变量改进模型，以提高预测力。

　　相较于计划行为理论适用于多种行为研究的较为宽泛的应用范畴，规范激活理论主要应用于亲社会行为研究。有关这一理论的主要争论在于变量间的关系，即"中介关系"与"调节关系"之争。大多数的研究往往选用其中一种模型进行验证，这样的做法在一定程度上强化了争议，不利于理论走向统一。所以，应该有更多的文章在同一个研究中同时检验、比较不同模型的解释力，这将为持有不同观点的学者展开对话提供基础，有利于进一步完善规范激活理论，提升其影响力。

　　社会偏好理论阐明了一个事实：人们不仅关心自身的利益，也会关心他人的利益。该理论从行为经济学角度给出了亲社会行为的根本性原因，表明人类具有天然的亲社会倾向。此外，社会偏好理论在社会心理学领域同样具有很大的应用空间。以旅游研究为例，旅游者亲环境行为、志愿者旅游等都可应用社会偏好理论展开相应的研究。特别地，可以考察不同的社会偏好类型（利他偏好、差异厌恶偏好及互惠偏好）与各类旅游者亲社会行为的关系，这将有助于我们深化对有关问题的认识。

有关社会距离理论的大部分研究表明，社会距离感知与对应的亲社会行为呈反向关系，社会距离感知的增加会抑制相应的积极、友好行为。然而，从数量上来看，类似研究还有很大的、需要加以丰富的空间，相关的研究结论还需要更多的实证支持。

本书将以计划行为理论为基本理论框架，依据规范激活理论与社会偏好理论，相应地引入道德义务与利他主义两个变量对计划行为理论进行改造，以构建旅游者社会责任消费意向影响机制模型。就计划行为理论而言，本书将道德义务与利他主义两个变量整合到了该理论模型中，并首次将其应用于旅游者社会责任消费情境，这是对该理论的一次新的"测试"与改进；就规范激活理论而言，本书避开了"中介"与"调节"之争，直接将这一理论的核心变量——道德义务引入新的影响机制模型，这将有助于提高新模型整体的预测力；就社会偏好理论而言，本书从利他偏好出发，选取利他主义变量构建新的影响机制模型，是将社会偏好理论应用于旅游者社会责任消费情境的一次有益探索。另外，本书还将依据社会距离理论，专门考察社会距离与旅游者社会责任消费意向的关系，以检验、丰富这一理论在旅游消费情境下的应用。

第三章
整体思路与研究设计

第一节　已有研究存在的不足

一、既有可持续旅游相关概念研究存在局限性

自可持续旅游提出以来，生态旅游、绿色旅游、低碳旅游、负责任旅游、志愿者旅游等概念不断涌现，相关的研究成果有力地促进了旅游与环境、经济、社会、文化等方面的良性互动与共同发展。然而，从整体上看，既有概念与研究表现出了两个方面的特点：一是高度关注环境问题，倡导避免、减轻旅游对环境的负面影响；二是多主体覆盖，强调旅游企业、政府、旅游者、非政府组织等利益相关方从自身角度发挥积极作用。这样的研究状况存在局限性：首先，旅游的影响绝不仅限于环境，旅游对社会、文化与经济等方面的影响同样值得关注；其次，强调多个主体各自发挥作用往往会因为责任扩散而导致效率低下，旅游企业的逐利天性更是常与可持续发展的宗旨背道而驰。负责任旅游的概念虽然涵盖了经济、社会、文化与环境范畴，但却无法回避执行主体过于分散、理念实施缺乏明确的核心主体与承载路径的局限。生态旅游者、旅游者环境责任行为等概念虽明确将旅游者作为执行主体，但其研究内容却局限于环境议题。因此，在明确执行主体的同时关注多维议题成为突破当前研究局限的客观要求。

二、从旅游消费视角讨论可持续旅游的研究相对较少

旅游消费活动贯穿旅游者旅行活动的始终，是旅游者与目的地利益相关者进

行互动的最为主要的方式与途径，也是旅游者对环境、经济、社会与文化产生各种影响的主要途径。然而，从旅游者旅游消费视角讨论可持续旅游的研究相对较少，仅有的几项研究均集中在了旅游者对绿色酒店的选择或溢价支付行为上（Chen and Peng，2012；Han，2015；Han et al.，2010；Teng，2015），对于其他议题极少讨论。与此同时，旅游消费是发生在非惯常环境下的消费活动，这种消费行为有着不同于惯常环境下的显著特征，即异地性与暂时性特征，且由这两个特征引发的社会距离感知与时间压力感知很有可能会对旅游消费行为产生影响。然而，这些问题却并未引起有关学者的重视。

三、旅游者社会责任消费问题已有涉及却未能明确提出

目前，不论是在社会责任消费研究中，还是在旅游者行为研究中，都有涉及旅游者社会责任消费的议题，但旅游者社会责任消费却没有作为一个独立的概念被明确提出来，尚未引起有关学者的关注。在社会责任消费相关研究中会涉及旅游产品的购买行为，如选择住宿绿色酒店（Chen and Peng，2012；Han，2015；Han et al.，2010；Teng，2015），参加环境友好型的当地节事活动（Song et al.，2012）。在旅游者行为研究中同样会涉及社会责任消费问题，如"在这次旅行中我首先选择带有环保标签的产品或服务""我在这次旅行中购买（或使用）当地的产品和服务"（Lee et al.，2013）。现实的研究情况表明：一方面，旅游者社会责任消费行为真实存在；另一方面，这一问题并没有得到应有的重视，需要加以格外关注，展开专门研究。

综上，已有研究的不足涵盖以下三个方面的内容：第一，既有可持续旅游相关概念研究过多地关注环境议题，对经济、社会与文化内容重视不足，同时提倡多主体责任，导致责任分散，难保成效，因此明确执行主体的同时关注多维议题成为客观要求；第二，旅游消费贯穿旅游者旅行活动全程，旅游消费是旅游者产生环境、经济、社会与文化影响的主要途径，然而相关研究中旅游消费的重视程度却远远不够，因此从旅游消费及其特点出发探索可持续旅游发展路径极为必要；第三，不论是社会责任消费研究，还是旅游者行为研究，已有的研究成果均涉及了旅游者社会责任消费的内容，但是旅游者社会责任消费的概念却没有被明确地提出来并加以专门研究。基于以上分析，以旅游者为研究主体，以旅游消费为切入点，将社会责任消费概念引入旅游消费情境，提出旅游者社会责任消费概念并展开相关研究必要且可行。这一概念的提出有效回应

并解决了上述三个方面的问题，为可持续旅游的发展提供了一个新的研究思路。

第二节　本书的切入点与研究主题

张凌云教授（2008）提出，旅游就是人们对非惯常环境（Unusual Environment）的体验。张教授认为非惯常环境下的特殊体验才是旅游的本质（张凌云，2019）。近年来，学界渐趋认同"非惯常环境"这一概念，其连同"体验""流动性""生产性消费"等旅游研究的核心概念一并成为旅游学的逻辑起点（张朝枝，2015）。管婧婧、董雪旺和鲍碧丽（2018）对非惯常环境的维度进行了逻辑归纳，提出了经济维度、信息维度、文化维度和认知维度，指出在非惯常环境下（相对于惯常环境）：经济方面，旅游活动必然要付出更多的经济成本；信息方面，信息不完全、不对称的情况更为突出；文化方面，惯常环境与非惯常环境间的文化差异是旅游活动空间的重要表征；认知方面，旅游者对非惯常环境的认识包含感知、认知和情感联系三个层次。他们进一步指出，旅游活动中所特有的从惯常环境到非惯常环境的转变，其影响力贯穿旅游活动的始终和旅游者行为的方方面面，其中就有对旅游者消费行为的影响。由此推断，旅游者在非惯常环境下的消费行为会不同于惯常环境下的消费行为，其在非惯常环境下的社会责任消费行为也会有别于一般的社会责任消费行为。基于此，本书将立足旅游消费及其特点，以旅游者社会责任消费为切入点，开发旅游者社会责任消费意向量表，构建并检验旅游者社会责任消费意向影响机制模型，考察旅游者社会责任消费意向与行为间的关系。

一、旅游消费的特征

国内外关于旅游这一概念的研究成果颇为丰富，张凌云教授（2008）就曾对选自西方各国最流行的旅游教科书、政府智囊机构的专业报告和世界旅游组织（UNWTO）的官方文件等的30种旅游定义进行了综述研究。国内关于旅游的定义目前仍有争议，其中围绕谢彦君教授和张凌云教授各自给出的定义而展开的讨论最具影响力。谢彦君教授（2004）在《基础旅游学》中将旅游定义为：旅游是个人以前往异地寻求愉悦为目的而度过的一种具有社会、休闲和消费属性的短暂经历。谢教授指出，旅游从本质上是一种主要以获得心理快感为目的的审美过程和自娱过程，是为了寻求愉悦而发生的行为。张凌云教授（2008）认为，旅游是一种短暂的生活方式和生存状态，是人们对于惯常的生活和工作环境或熟悉的人地关系和人际关系的异化体验。张教授进一步指出，简单地说，旅游就是人们对非惯常环境的体验。旅游是人的空间位置的移动（与一般货物的移动有很大不同），这种移动是暂时的，这是旅游消费区别于其他消费活动的一个显著特征。尽管两位教授的侧重点不同，却都涵盖了旅游的两大外部特征，即异地性与暂时性（谢彦君，2015）。可以说，这两个基本特征是把握旅游要义的关键因素。旅游消费源自旅游者在旅游活动中对食、住、行、游、购、娱等要素的需求，是伴随着旅游活动的开展而发生的，因此旅游消费必然具备异地性与暂时性两大基本特征。旅游活动赋予旅游消费的这些基本特征对于我们认识旅游者社会责任消费意向具有重要意义。

1. 旅游消费的异地性

谢彦君教授（2010）指出，旅游的本质就是一种体验，而余暇和异地将这种体验与其他体验分离出来，赋予其独有的特征。徐菊凤（2011）认为，异地休闲体验就是旅游的本质特征。很显然，异地性特征是把握旅游本质的重要抓手。旅游的异地性特征是指旅游活动的发生要以行为主体的空间移动为前提（谢彦君，2015）。当前，旅游者在异地情境下的行为很受关注。最新研究发现，旅游者在异地情境下的行为不同于在常居地情境下的行为，也就是说，同一个旅游者在二元情境下其行为可能会发生变化（李志飞，2014）。当一个人以旅游者的身份"远在他乡为异客"时，他在倾向上往往想摆脱日常生活的"清规戒律"，道德的约束力量远不及他在日常生活圈子中那样强大（谢彦君，1998）。有学者指出，由于旅游发生在非惯常的时间与空间（Selanniemi，2003），其对展现所谓的隐蔽价值观有积极的促进作用，这种隐蔽价值观与其他被很多人认可的、接受的、根深蒂固的价值观相冲突、相竞争（Matza and Sykes，1961）。"旅游者常常在他们新发现的自由中展露奇特行为，这些行为方式被认为极不寻常，在家时会招来责难与惩罚……即使起码的礼貌也会被突然丢掉。一切别的东西都会随身携带，只有礼貌常被丢弃家中，责任被遗忘，利己主义占上风"（Krippendorf，1984）。由于旅游具有异地性和暂时性的特点，出境旅游者在异国他乡作短暂停留时有可能产生故意放纵的心理（齐善鸿、焦彦和杨钟红，2009）。一些游客会放纵自己的行为，"偷吃"原来生活环境中的"禁果"（蔡雪莉，2008）。在一些情形下，人们甚至愿意去体验不正常、不经济、不安全、不道德的境遇（王欣和邹统钎，2011）。关于这一主题的很多研究都谈到了人们在假期时的过激行为（McKercher et al.，2014）。

对于上述旅游者在非惯常环境下可能发生的行为，张凌云教授（2008）结合弗洛伊德心理学理论和社会心理学家津巴多的实验研究给出了解释，认为在惯常环境下，人们更多表现的是"自我"和"超我"，"本我"受到了压抑；而在非惯常环境下，旅游者的身份往往被匿名化，个体和特定的群体受社会行为规范的约束相对较少。

依据旅游者二元行为理论，旅游者的行为是具有二元性的，二元性的第一个变化是旅游者的购买行为会有更强的冲动性，二元性的第二个变化是旅游者的社交行为会趋向于真实（李志飞，2014）。结合上述内容可以推断，旅游者在异地进行旅游消费时，极有可能会表现出不同于惯常环境下的消费行为。旅游者社会责任消费行为作为旅游消费行为的独特构成部分，异地性特征必然会对其产生影响，从而使旅游者社会责任消费有别于一般的、在惯常环境下的社会责任消费行为。因此，从旅游消费的异地性特征入手将有助于我们认识、发现旅游者社会责任消费意向的独特属性。

2. 旅游消费的暂时性

王欣和邹统钎（2011）在探讨基于非惯常环境视角的旅游定义时提出了旅游的暂时性特点，认为人在非惯常环境中短暂活动后，一般还要回到惯常环境中来，这是因为惯常环境实际上就是通常最适合他的生存环境，这里虽然有一些对他的羁绊和压迫因素，但更包含了支撑他生存与发展的历史基础和现实资源。旅游是一种短暂性的体验，这是由旅游活动持续的时间所决定的（谢春山和沙春蕾，2012）。旅游的暂时性特征是指旅游仅是发生在旅游者人生时间波普中某一段的行为（谢彦君，2015）。有研究指出，时间已经成为一种非常宝贵的消费者资源（Kongarchapatara and Shannon，2016）。受追求单次旅游效用最大化心理的驱动，旅游者往往会在有限的旅行时间内尽量地丰富自己的旅游体验，如此便强化了时间的有限性与稀缺性，从而带来时间压力问题。时间压力既是个体对缺乏充足的时间做事情（工作、休闲等）的一种认知体验，也是个体对快节奏、忙碌活动带来的焦虑、紧迫感等情绪的体验，而且这种认知和情绪体验可以是短暂性的也可以是长期性的（李爱梅等，2015）。可见，时间压力是旅游者在旅行过程中普遍面临的问题。

有研究证实，消费者在时间压力增大的情况下，其行为不同于较小时间压力下的行为（Herrington and Capella，1995）。时间压力被广泛地视为一个情境变量，这一情境会影响消费者在购物环境中的决策行为（Vermeir and Kenhove，2005）。用于执行任务的可用时间在很大程度上会影响任务的实际完成情况，因为可用时间调控可被处理的信息量（Bettman，1979）。Young 等（2012）通过研究发现，时间压力会对个体的决策策略选择产生影响，个体在时间压力下更加倾向于采用启发式策略而不是分析式策略来完成认知任务。启发式策略考虑的信息不完全，是一种快速的自动加工方式；而分析式策略需要消耗较多认知资源，是一种综合各方面信息的缓慢的加工方式。因此，个体在时间压力下过度依赖启发式策略进行决策时会致使个体的认知功能受到部分损伤。由于时间压力会导致认知资源减损，个体在进行认知决策时必然会倾向于认知资源消耗低的认知方式，最终会影响个体的认知功能与决策水平。

旅游者社会责任消费作为一种对社会、经济、文化与环境负有责任意识的消费行为，有较为鲜明的价值取向，对消费客体、消费方式、消费过程有着独有的判断与选择，对相关信息保持敏感。因此，旅游者对时间压力的感知程度必然会影响其对社会责任消费相关信息资源的收集、认知与处理效率，进而影响最终的消费决策与行为。Darley 和 Batson（1973）的研究表明，个体在受到时间压力约束的情况下，很可能不去帮助一个需要帮助的人。这进一步说明，旅游者感知到的时间压力可能对其社会责任消费意向产生抑阻作用。

综上，从旅游消费的异地性与暂时性来看，旅游者社会责任消费必然会受到旅游者在目的地感知到的社会距离与时间压力的影响，而这进一步会使旅游者社会责任消费的内容、方式等有别于惯常环境下的社会责任消费。因此，旅游消费的异地性与暂时性特征是深入认识、把握旅游者社会责任消费行为的根本出发点，本书将遵循这一基本认识开展后续研究。

二、本书的研究主题

围绕上文所总结的已有研究的不足，结合旅游消费的特征，本书拟将社会责任消费概念引入旅游消费情境，提出旅游者社会责任消费概念并开发旅游者社会责任消费意向测量量表；综合应用计划行为理论、规范激活理论与社会偏好理论构建旅游者社会责任消费意向影响机制模型，并进一步检验旅游消费异地性和暂时性对这一意向的影响；考察意向与行为的关系。

1. 提出概念

如前所述，不论是在现实的旅游消费活动中，还是在社会责任消费与旅游行为的科学研究中，旅游者的社会责任消费行为都已是不可忽视的现实存在。然而，这一现象并未引起足够的重视，尚未有研究对这一现象进行专门的讨论。如前面的分析所提到的，当前可持续旅游的相关研究存在执行主体分散与囿于环境议题的局限，这一局限严重制约了可持续旅游的推进步伐。基于这样的背景，本书拟将社会责任消费概念引入旅游消费情境，提出旅游者社会责任消费概念，以正视这一问题，推进专门研究的开展。本书将在提出概念的基础上，进一步开发旅游者社会责任消费意向量表，以为开展后续的影响机制研究创造条件。同时，意向测量量表的开发也是证实旅游者社会责任消费概念存在现实基础的有效途径，有助于与一般的社会责任消费量表进行对话，进而凸显出旅游者社会责任消费的独特性。

2. 构建模型

概念的提出是前提与基础，而构建影响机制模型是研究的深化与发展，是深入认识所提概念的必由之路。本书立足于旅游者社会责任消费行为的亲社会性，依据社会偏好理论与规范激活理论对计划行为理论进行改造与整合，构建旅游者社会责任消费意向影响机制模型。与以往改进计划行为理论预测亲社会行为的研究相比，本书同时将利他主义（依据社会偏好理论）和道德义务（依据规范激活理论）加入该理论并构建模型，具有一定的创新性。

如前所述，本书立足旅游消费行为，重视旅游消费特征对旅游者社会责任消费的影响。基于此，本书将从旅游消费的异地性与暂时性出发，以社会距离理论为依据，实证检验社会距离感知与时间压力感知对旅游者社会责任消费意向的影响。

3. 验证关系

意向与行为之间的差距是本书关注的另一个焦点。由于本书核心部分讨论的是旅游者社会责任消费意向，而有关意向与行为差距的争论从未停止，因此本书将通过历时研究对旅游者社会责任消费意向与行为之间的关系进行考察。在对意向与行为的相关关系进行检验的基础上，本书还将对可能存在差距的成因进行定性分析，以进一步深化对问题的认识。

第三节　研究对象与研究框架

一、研究对象

本书的研究对象是旅游者，具体考察旅游者的社会责任消费意向、意向的影响因素及驱动机制以及意向与行为之间的关系。具体而言有以下三个方面的说明：

第一，旅游者是旅游活动的主体，是旅游活动网络中的核心利益相关者（Stanford，2008），是一切旅游影响存在的根源。然而，有关负责任旅游的研究多数将注意力投向了产品供给方，如旅游经营者、政府部门、社区居民等，对旅游者的研究却比较少（Kang and Moscardo，2005；Caruana 等，2014）。基于此，本书认为从旅游者视角出发探索可持续旅游发展的有效路径至关重要，有助于从根本上应对旅游发展所带来的多重消极影响。

第二，本书将包括购买、使用（体验）旅游产品或服务在内的整体消费过程作为研究对象，研究这一完整消费过程中旅游者负有社会责任的各种消费活动。消费活动几乎占据了旅游者旅行活动的全过程，更是引发各类旅游影响的关键所在，因此，研究旅游者社会责任消费行为是找到应对旅游影响的办法的关键突破口。

第三，本书没有选取实际的旅游者社会责任消费行为作为研究对象，而是选取行为意向作为研究对象。其原因有以下两点：首先，旅游者在旅游目的地的社会责任消费行为在我国尚不多见，研究行为有可能耗费巨大时间、精力而所获无几，因此对旅游者社会责任消费行为意向的测量以及影响因素的探索更为可行，研究结果也能够为我国有关部门出台相关引导措施、提供保障条件等提供理论支撑；其次，测量实际行为往往难以操作，与此同时，"记忆偏差"和"社会赞许"往往会对"自述行为"式实际行为测量方法产生不利影响（Steg and Vlek，2009），而最直接的引致实际行为的因素被认为是行为意愿，以往研究中亦常以对行为意愿的测量代替对实际行为的测量（李秋成，2015）。

二、研究命题与研究框架

基于上文对社会责任消费研究的回顾，对旅游消费基本特征以及相关基础理论的梳理与论述，本书从提出概念、构建模型、验证关系的研究主题出发提出下列四个研究命题，并通过后续三个子研究进行细化和检验。

命题1：旅游者社会责任消费意向测量量表的开发会得到实证数据的支持。

命题2：将利他主义和道德义务纳入计划行为理论能够显著预测旅游者社会责任消费意向。

命题3：社会距离和时间压力会显著抑制旅游者社会责任消费意向。

命题4：旅游者社会责任消费意向和行为之间存在差距。

本书的整体研究框架如图 3-1 所示。

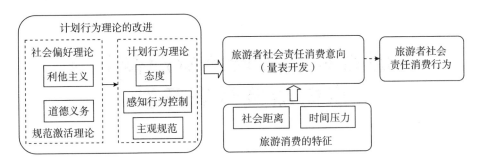

图 3-1 本书整体研究框架

第四节 本章小结

在上一章文献回顾与理论依据阐释的基础上，本章进一步对已有研究中存在的不足进行了总结。在明确以旅游消费行为为立足点、以旅游者社会责任消费为研究切入点之后，本章对旅游消费的特征进行了深入分析，指出旅游消费的异地性和暂时性会对旅游者社会责任消费产生影响。基于前述分析，提出了本书的三个研究主题：提出旅游者社会责任消费概念并开发意向测量量表；构建并验证旅游者社会责任消费意向的影响机制模型，检验旅游消费的两个特征对意向的影响；考察旅游者社会责任消费意向与行为的关系。此外，本章进一步明晰了全书的研究对象，即旅游者的社会责任消费意向；提出了本书的四个研究命题和整体研究框架。整体而言，本章进一步明晰了研究问题，厘清了研究思路。

第四章
旅游者社会责任消费的概念与意向测量量表开发

如前文所述，子研究一旨在提出旅游者社会责任消费概念，并开发意向测量量表，这部分研究是全书的基础与关键。本章聚焦子研究一提出的研究主题，将通过概念研究对旅游者社会责任消费进行定义与内涵界定；同时，遵循量表开发的科学规范，开发具有良好信度与效度的旅游者社会责任消费意向测量量表。

第一节　旅游者社会责任消费概念的提出

一、定义与内涵

Churchill（1979）指出，要发展适当的测量工具，首先要明确概念的范畴，在对必要文献回顾的基础上，研究者得以对所要测量的概念进行明确界定，进而完成生成、提纯测量题项的任务。本书在文献回顾的基础上，首先选取具有代表性与影响力的有关社会责任消费的定义作为参考。例如，Roberts（1995）关于社会责任消费者的定义，即社会责任消费者会购买他们认为会对环境产生积极影响（或较低负面影响）的产品或服务，他们会用自己的购买权力表达对社会的关切；Mohr 等（2001）对社会责任消费者行为的定义，即一个人在购买、使用和处置产品时，追求最小化或降低对社会的任何不良影响，最大化对社会的长期有益影响。其次采纳了 Stanford（2008）对负责任旅游所归纳的三个要点：①它涵盖了所有形式的旅游活动，包括选择性旅游与大众旅游；②它奉行四重底线哲学，即为目的地社区、文化、环境及经济做贡献，并将负面影响降至最低；③它使所有相关方受益。最后本书在文献研究的基础上组织了焦点小组（小组成员包括旅游管理专业方面的教授、博士、硕士等），以深入讨论、界定旅游者社会责任消费的定义。最终，本书将旅游者社会责任消费定义为："旅游者在购买、使用（体验）旅游产品和服务的过程中，重视其对环境、经济、社会、文化等方面的影响，自觉做到最大化积极影响，最小化消极影响的各种消费行为的集合。"旅游者可界定为"出于消遣、商务及其他目的，短期离开自己的惯常环境，前往他乡旅行和访问的"人（李天元，2014）。意向是个体从事特定行为的主观概率（冯建英、穆维松和傅泽田，2006）。本书将旅游者社会责任消费意向定义为旅游者从事社会责任消费行为的主观倾向。在后续研究中，本书将主要以旅游者社会责任消费意向为研究对象，开发意向测量量表，构建并检验影响意向的机制模型。

本书给出的旅游者社会责任消费的定义包含以下四个方面的内涵：

第一，亲社会性，旅游者社会责任消费谋求最大化积极影响、最小化消极影响，试图通过自身的消费行为促使所有相关方受益，且极力避免消极影响。

第二，多维性，旅游者社会责任消费遵循四重底线哲学，全面关注消费行为对经济、社会、文化与环境四个方面的影响，这四个方面同等重要，没有轻重之分。

第三，动态性，旅游者社会责任消费立足于消费行为，贯穿旅游消费全过程，从购买、使用（体验）一直持续到旅游活动结束。

第四，目的地指向性，旅游者社会责任消费与一般性社会责任消费的最大不同就在于该消费行为主要发生在旅游目的地，绝大部分消费活动都是指向目的地的。

二、相关概念辨析

旅游者社会责任消费着眼于旅游者的社会责任消费行为，旅游者社会责任消费这一概念的提出旨在探索一条新的有助于旅游经济健康、可持续发展的路径，与可持续旅游、生态旅游、负责任旅游、选择性旅游以及志愿者旅游等概念均存在鲜明的差异。

1. 可持续旅游

Bramwell 和 Lane（1993）认为，可持续旅游是一种积极的方式，旨在减少旅游业、游客、环境和社区之间的复杂互动所造成的紧张和摩擦。Swarbrooke（1999）给可持续旅游下了一个宽泛的定义："在经济上可行的旅游，不会破坏旅游业未来发展所依赖的资源，特别是不会破坏东道国的自然环境和社会结构。"Briassoulis（2002）归纳了可持续旅游发展所围绕的核心议题，即如何管理属于东道主社区的自然资源、人造资源以及社会文化资源以达到他们的基本要求——提升他们的经济福利、保护他们的自然和社会文化资源、在分配成本和利益方面实现代内和代际公平、确保他们的自给自足以及满足游客的需要等。Waligo、Clarke 和 Hawkins（2013）将可持续旅游表述为："以可持续发展原则为基础，'充分考虑其当前和未来的经济、社会和环境影响'（UNEP/WTO，2005），并满足利益相关者需求的旅游业状态。"Bramwell（2015）指出，可持续旅游经常与保护生态系统、促进人类福利、代内和代际公平以及公众参与决策联系在一起。正如许多评论家指出的那样，可持续旅游没有确切的定义（Saarinen，2006）。因此，这个概念有时被理解为一种意识形态和观点，而不是一个确切的操作性定义（Clarke，1997）。Godfrey（1998）也提到，可持续旅游不是一个目的，也不是一个独特或孤立的程序，而是一个更广泛的相互依存的活动与持久的社会经济发展进程。由于可持续旅游的定义难以明确界定，有学者开始关注可持续旅游的指标。Choi 和 Sirakaya（2006）采用德尔菲法研究了可持续社区旅游（Sustainable Community Tourism）的指标，结果发现 125 项指标归属于六个维度，这六个维度分别是政治、社会、生态、经济、技术与文化，表明社区旅游的可持续发展需要兼顾六个方面的利益要求。三重底线（TBL，Triple Bottom Line）法是衡量可持续发展最常用的方法之一（Elkington，1997）。Stoddard 等（2012）采用了三重底线思想，认为对于可持续旅游而言，就是要在旅游的发展过程中使生态、社会、文化和经济有一个适当的平衡。

以上内容表明，可持续旅游的含义极为宽泛。从涉及的内容来看，包含政治（如推动社区居民参与决策）、经济（如促进目的地经济发展）、社会（如维护目的地社会结构稳定）、文化（如保护目的地文化资源）、环境（如避免破坏目的地环境及资源浪费）、科技（如积极采用目的地技术手段发展旅游）等多方议题。从涉及的参与主体来看，政府部门、旅游企业、非政府组织、社区居民、旅游者等都是可持续旅游的践行者与参与者。同时还可以看出，可持续旅游是一个较为宏观的抽象概念，既是一种发展理念，也是一种发展愿景，与实际操作层面的概念如本书所讨论的旅游者社会责任消费存在较大的距离。由此可以看出，相较于可持续旅游，旅游者社会责任消费不论是内涵还是外延都要小很多，旅游者社会责任消费可看作从旅游者视角推进可持续旅游的一种实践方式。

2. 生态旅游

生态旅游（Ecotourism）这一术语，是由世界自然保护联盟（IUCN）特别顾问谢贝洛斯·拉斯喀瑞（Ceballos-Lascuráin）于 1983 年提出的。他认为，"生态旅游就是前往相对没有被干扰或污染的自然区域，专门为了学习、赞美、欣赏这些地方的景色和野生动植物与存在的文化表现的旅游"。自被提出以来，生态旅游的内涵、外延得到了极大的丰富与拓展。卢小丽、武春友和 Holly Donohoe（2006）运用内容分析的方法，通过对成文于 1990 年以后的 40 个影响力较大的生态旅游概念进行分析，提出生态旅游概念往往遵循 8 个准则进行架构，包括将自然作为基础、强调对环境保护的贡献意义、要有环境教育功能、有助于当地社区从中受益、可持续性、遵守道德规范、承担责任、享受旅游体验与文化的熏陶。他们指出以自然为基础和为环境保护做贡献是中外生态旅游概念的核心内涵。我国学者吴楚材等（2007）通过对国内外文献的研究将生态旅游概念系统地归纳为五种学说，即"保护中心说""居民利益中心说""回归自然说""负责任说""原始荒野说"。尚天成等（2011）以中国知网和 ISI Web of Science 为主要检索库，检索了 1995～2010 年与生态旅游有关的 4563 篇国内文献和 507 篇国外文献，结果发现，大部分学者都在强调生态旅游应是一种求知求新的高层次旅游形式，其真正意义在于以生态保护为前提、以自然知识的普及与环境教育为核心内容。姜真林（2011）对生态旅游、低碳旅游与负责任旅游的概念进行了辨析，他指出，在各种生态旅游定义中，受干扰较小、生态环境良好或未受到污染的自然区域一般被认为是生态旅游的对象，在以自然为基础的特定区域内开展旅游是生态旅游的侧重点。

上述内容表明，尽管生态旅游的概念与内涵在不断拓展，但其核心内容仍然强调以自然区域为基础，且注重环境保护。本书认为，生态旅游具有多参与主体的特点，且对于不同的参与主体而言具有不同的属性：对旅游者而言，生态旅游既是一种旅游行为方式，也是一种旅游产品体验；对于旅游经营者而言，生态旅游是一种旅游开发、规划以及经营与管理理念，也是其面向旅游者提供的一项综合性旅游产品；对于社区居民而言，生态旅游是其分享旅游业发展红利的一种商业运行模式。

综上可知，旅游者社会责任消费与生态旅游之间差异明显。一是旅游者社会责任消费涉及的内容范畴要大于生态旅游，除保护环境外，还涉及经济、社会、文化等领域的积极消费行为；二是旅游者社会责任消费只有一个主体，即旅游者，而生态旅游是多主体参与，涉及旅游者、旅游经营者以及社区居民等；三是旅游者社会责任消费不局限于自然环境目的地，在人文环境下同样会发生。尽管如此，两者在促进旅游可持续发展方面是统一的。

3. 负责任旅游

1989 年，在阿尔及利亚塔曼拉塞特举行了由世界旅游组织召开的关于选择性旅游的讨论会，Smith 在他的报告中使用了"负责任旅游"（Responsible

Tourism）这一术语。他将负责任旅游定义为：尊重东道主自然、建筑、文化环境以及各当事方利益的所有类型的旅游活动（Smith，1990）。Husbands 和 Harrison（1996）认为，负责任旅游指的不是一个品牌或一种旅游类型，它包含一个框架和一系列的实践行动，描绘了一个明智的路线，这条路线位于模糊的生态旅游与众所周知的传统大众旅游的负外部性之间。负责任旅游的基本观点如下：旅游活动本身可以通过最小化或减少其不利影响的实践路径，确保当地居民、投资商以及旅游者从旅游业的健康、蓬勃发展中获得长期收益（Husbands and Harrison，1996）。由格林威治大学运营的国际负责任旅游中心（International Centre for Responsible Tourism）在 2004 年对负责任旅游进行了详细的定义：将对环境、社会和文化的消极影响降到最低；通过促进参与旅游产业与改善工作环境，使当地人获得较大的经济收益，提升当地社区的幸福水平；让当地人参与对他们的生存与生活有影响的决策活动；保护自然与文化遗产，为维护世界多样性做出积极贡献；通过增加与当地人接触的机会，了解更多的当地环境与文化议题，从而将更加愉悦的旅游体验提供给旅游者；保持文化敏感，增进旅游者与当地人的互相尊重。Stanford（2006）将负责任旅游归结为三个关键点：①负责任旅游包括所有的旅游类型，如选择性旅游、大众旅游；②它包含一个四重底线哲学，即最大化对当地社区、文化、环境与经济的积极影响，最小化对这四个方面的消极影响；③负责任旅游使所有的利益相关方受益。我国学者张帆（2006）将对负责任旅游的概念的解释划分为五类：①规模说，认为负责任旅游是小规模旅游；②方法说，认为负责任旅游是一种旅游政策与规划的制定方法；③伦理说，强调负责任旅游要符合社会与生态伦理准则；④开发说，提出负责任旅游是新的旅游开发方式；⑤行为说，认为负责任旅游是旅游者的一种旅行方式。

综上可知，负责任旅游从行动主体到行动内容指向都包含了极为丰富的内容。负责任旅游更加强调"人"的因素，非常注重人的权利与当地发展的权利（张帆，2012）。Stanford（2006）提到的四重底线哲学更是将旅游影响的方方面面几乎全部覆盖。因此，负责任旅游所涵盖的内容远远地超越了旅游者社会责任消费的研究范畴。但同时，后者却是从旅游者视角出发，以旅游者的社会责任消费行为为行动方式实践负责任旅游的一种具体举措。

4. 选择性旅游

选择性旅游（Alternative Tourism）是人们窘于大众旅游（Mass Tourism）所带来的各种不利影响而提出的概念，其目的是减缓大众旅游产生的各种负面影响（查爱苹，2003）。Cohen（1987）从两个方面谈了自己对选择性旅游的提出背景的认识：一方面，选择性旅游是对现代消费主义的一种回应，面对大众旅游的日益商业化与非"真实"体验，一部分人开始有意识地采取与传统相反的旅游方式，他们以年轻人居多，追求与主流文化格格不入的"另类生活方式"，在对传统世界的反对中，这些旅行的年轻人拒绝接受"旅游者"的标签，他们把自己看作"旅行者"或"环球旅行者"，他们试图避开旅游机构提供的路线、便利设施与景点，自发地走非常规路线，相信自己可以与当地居民建立不受阻碍的个人联系；另一方面，选择性旅游是对剥削第三世界国家的一个回应，有人认为大众旅游是发达国家剥削第三世界国家的突出表现形式之一，经济剥削和"文化污染"被视为旅游业渗透的主要后果。基于这种对大众旅游的激烈批评，有人着手寻求一种"选择性旅游"的形式，这种形式在保障旅游体验的同时，还能进一步增进人与人之间的相互理解，防止环境和文化退化，最重要的是，防止对当地居民的剥削和"非人性化"对待，这是一种"公正"的旅游，他们独自或小组旅行，以从容不迫的方式，根据自己的兴趣、性格和机会自发地改变旅行计划。何佳梅、许峰和田红（2001）对选择性旅游进行了定义，强调选择性旅游是以旅游者"实现自我"的需求心理为出发点的一种非大众的旅游形式，目的性特别突出，多种具体的旅游方式都可纳入选择性旅游的范畴，它是旅游者为避免大众旅游所具有的破坏性而选择的其他替代行为模式，常常表现为很多的非集聚化区域内以较低的密度分布着大批特殊旅游兴趣爱好者，因此选择性旅游是适合于社会发展的、健康的旅游活动。查爱苹（2003）通过分析提炼出了选择性旅游这一概念的中心成分：对平等的渴望、对环境的意识与关注、对个性的追求，以及旅游者和当地人之间的接触与沟通。任宁、廖月兰和叶茜倩（2006）认为，选择性旅游是相对于大众旅游而言的，突出体现了环境意识和小规模开发，其基本内涵就是具有可选择的特质。Holden（1984）给出了在泰国清迈召开的由 44 个成员参加的国际会议对选择性旅游进行的定义，即促进不同社区成员之间公平旅行的过程。他强调这一定义旨在寻求参与者之间的相互理解、团结和平等。Gonsalves（1987）对 Holden（1984）提到的会议的材料进行了分析，进而提出了选择性旅游的 5 种可能模式：①与当地人简短接触；②对当地家庭、社区进行较长时间的访问，深入了解他们的生活；③非商业性的学习；④相关组织帮助游客理解第三世界的担忧；⑤旅行社努力将目的地的文化与问题分享给游客。选择性旅游通常包括教育旅游、志愿者旅游、农场住宿、生态旅游和其他由当地小规模企业组织和控制的旅游活动类型。与大众旅游相比，选择性旅游主要有以下特点：①较少的人流，旅游人数会被限制，旅游活动规模会被控制在一定范围内，以避免目的地环境受到不利影响；②多样化的活动形式，较强的灵活性，游客可依据个人爱好和兴趣选择旅游的形式；③会选择旅游者密度较小的特色目的地，特别是原生态旅游目的地，同时会将单次旅游活动限定在较小的范围内，以便于旅游者充分体验当地特色、亲近目的地；④强调旅游经营者与游客对环境和社会的责任意识，要在遵循可持续发展理念的基础上开发旅游目的地；⑤努力促进游客与目的地居民之间的接触与沟通，增进彼此间的相互理解与尊重；⑥相对较高的旅游产品价格，为旅游地创造更理想的经济效益（张红、郝庆智，2009）。

面对大众旅游带来的各种负面影响，人们提出了选择性旅游，然而时至今日，问题并没有得到有效解决，大众旅游依然持续不断地制造着各种各样的负面问题。与此同时，正如 Cohen（1987）所批评的，选择性旅游的"旅行者"往往是渗透一个地区的大规模游客的先锋，他们常常幸福得没有意识到，他们自己可能会侵犯土著的风俗习惯；他们更容易忽视土著居民的生活和问题，也更不愿意去了解他们；他们造成了当地环境的恶化以及当地社会和文化的逐步转型（主要是通过商业化）。反主流文化的"选择性旅游"无法令人满意地解决传统旅游的问题。所以，与其呼吁旅游者放弃大众旅游而选择选择性旅游，倒不如积极面对大众旅游，鼓励旅游者在大众旅游过程中关注自身的社会责任问题，践行社会责任消费。

5. 志愿者旅游

志愿者旅游（Volunteer Tourism）是指旅游者出于各种原因，以一种被组织的方式去度假，其间涉及援助或减轻某些社会群体的物质贫困，改善某种环境或是对社会及环境问题进行研究等的旅游活动（Wearing，2001）。根据这一定义，志愿者旅游包括与旅游相关的休闲和娱乐活动，以及为解决贫困、性别不平等和孤儿等深层社会问题做出贡献的愿望（Barbieri et al.，2012）。Wearing 和 Neil（2000）将志愿者旅游描述为人们为实现内在动机而参与的一种个人体验，这种内在动机可以使参与者的生活和接待社区受益。参与志愿者旅游的旅游者会通过多种方式帮助社区，如分配生活必需品和其他资源、恢复和保护环境，或者协助与保护环境或者濒危动物有关的实地研究等（Broad，2003）。志愿者旅游为游客提供了有意义的体验，因为他们在访问期间改善了接待社区的某些方面（Lo and Lee，2011）。这种类型的旅游不仅有助于游客的个人成长，也有助于东道主社区及其文化的发展（Callanan and Thomas，2005）。Singh 等（2001）给予了志愿者旅游高度评价，认为它是一种正义旅游的认真实践——一种最接近乌托邦的实践，在最好的情况下，它可以被看作一种利他的旅游形式，它有能力坚持将最高的理想根植于旅游现象。与东道主的互动通常被视为志愿者旅游的一个重要方面，因为支持当地活动和加深对当地社区的了解是激励志愿者旅游的重要组成部分（Sin, 2010）。Callanan 和 Thomas（2005）将志愿旅游者分为"浅""中""深"三类，具体类别取决于志愿旅行的持续时间、参与者所需的技能或资格、志愿旅游者的参与程度（被动或主动）、他们对当地社区的贡献程度以及体验的重点（利他或利己）。Brown 和 Morrison（2003）指出，志愿旅游者可分为两种类型：一是具有志愿意识的旅游者，他们愿意花大部分或全部假期时间做志愿服务；二是具有假期意识的旅游者，他们只把部分假期时间用于志愿工作。

在志愿者旅游活动的核心体验中存在一个根本性的矛盾，即"志愿者"与"旅游者"的角色冲突（Lyons and Wearing, 2008）。志愿者旅游宣称的"有所作为"及"能够以重要的方式提供帮助"不断遭到质疑与批评，原因在于志愿者的利他主义与旅游者的享乐主义之间存在某种抵触关系（Coghlan, 2015）。志愿者旅游本身自带的这一"天然"的不和谐使其难以"理直气壮"地与可持续旅游站在一起。在无法有效调和两者之间关系的情况下，志愿者旅游或将长期受到批评与质疑。与此同时，批评者们提出，志愿者旅游在扭曲当地经济、加剧收入差距、使贫困合理化等方面发生作用（Guttentag, 2009；Palacios, 2010；Sin, 2010）。

综上可知，志愿者旅游与旅游者社会责任消费有着明显的不同。首先，从执行主体来看，参与开展志愿者旅游项目的各种利益相关方包括志愿旅游者、接待目的地和"派遣组织"，如非政府组织（NGO）、教育机构等。Sin（2009）认为志愿者旅游的核心理念是：旅游企业能够而且应该给东道国的当地人带来积极的影响。这一表述指出了以旅游企业为代表的"派遣组织"在志愿者旅游中的重要地位。由于"派遣组织"负责志愿者旅游项目的策划与组织，所以其在项目的整体运作中起关键作用，这与旅游者绝对主导旅游者社会责任消费行为存在显著差异。其次，从实现方式来看，志愿者旅游的典型特征是以项目为单位进行运作，如在南非照顾狮子（Rogers, 2007）、在泰国照顾大象（Carter, 2005）、教孩子学习英语等（Bernstein and Woosnam, 2019），而旅游者社会责任消费不会受到这一限制，可以在所参加的任意旅游活动中进行。最后，从覆盖范围来看，志愿者旅游仅面向参加特定项目的旅游者，而旅游者社会责任消费针对的是每一位参加旅游活动的旅游者，两者涵盖的人群范围差距明显。

总体来看，与可持续旅游、生态旅游、负责任旅游、选择性旅游以及志愿者旅游相比较，旅游者社会责任消费有四个突出的特征：第一，实践主体清晰、明确，旅游者社会责任消费聚焦于旅游者，关注旅游者的社会责任消费行为；第二，可操作性强，比较容易执行，旅游者社会责任消费着眼于旅游者身边的消费行为，微观且具体，便于出台具有针对性措施以直接引导行为的实施；第三，受到的外围约束少，易于推广，不同于生态旅游、选择性旅游、志愿者旅游等概念，旅游者社会责任消费几乎没有外在条件或情境限制，可在任意旅游消费活动中进行；第四，相较于其他几个概念，旅游者社会责任消费较为直观明了，易于理解，这有利于进一步被广大旅游者认可并接受。然而，旅游者社会责任消费与以上五个概念又在某些方面上保持统一，一方面，在所遵循的思想理念上，均谋求最大化对旅游的积极影响，最小化对旅游的消极影响；另一方面，旅游者社会责任消费行为是可持续旅游、负责任旅游、生态旅游等概念的实现路径。

第二节　旅游者社会责任消费意向测量量表的开发

一、研究设计

在市场营销研究领域开发量表，以对构念进行操作化测量，Churchill（1979）提出的这一研究范式受到广泛认可与遵循。该量表开发范式可归纳为四个基本步骤：第一步是明确构念的研究领域；第二步是生成捕捉这一特殊研究领域信息的题项；第三步是净化或提纯研究题项（第一次收集数据，主要通过探索性因子分析完成）；第四步是验证所开发量表的信度与效度（重新收集新数据，并进行信度与效度检验，主要通过验证性因子分析完成）。依据上文给出的旅游者社会责任消费定义，即旅游者在购买、使用（体验）旅游产品和服务的过程中，重视其对环境、经济、社会、文化等方面的影响，自觉做到最大化积极影响、最小化消极影响的各种消费行为的集合。旅游者社会责任消费意向量表旨在测量这一定义所涵盖的各种消费行为意向，量表开发所涉及的研究领域便聚焦于此。对于生成题项、提纯题项以及信度与效度检验等步骤，本书将通过下文中的不同研究过程逐步遵照执行。

1. 量表编制

为提炼用于组成初始量表的题项，本书采用了深度访谈、焦点小组与文献研究三种方法。共有16位受访者接受了访谈，受访者年龄介于22~57岁，包括7位男性、9 位女性，涉及企业白领、中学教师、公务员、导游员等不同的职业背景。
为确保访谈顺利进行，在正式访谈之前对 5 位受访者进行了预访谈，结果将预先设
定的核心问题"你认为旅游者的哪些消费行为是负有社会责任的？"改为了"你认
为旅游者的哪些消费行为是违背社会责任的？"，原因是后者更容易被受访者理解。
正式访谈是在 2016 年 6 月进行的，每次访谈持续的时间为 30 分钟至 1 小时。对于
收集到的访谈数据，由三名研究人员独立进行编码，然后对 3 组编码结果进行比
较。为进一步提高编码的可信度，当编码者之间出现分歧时，最终的编码主要通过
集体讨论的形式来决定（邓新明，2014）。经过编码分析，共提炼出 41 个题项。在
进行深度访谈的同时，我们组织了焦点小组，由 7 名在校学习旅游管理专业的博士
研究生（4 名）和硕士研究生（3 名）组成，主要围绕"旅游者的哪些消费行为是
负有社会责任的？"这一问题进行开放式讨论，讨论持续时间约为 2 小时 30 分钟。
讨论结果呈现的信息与深度访谈研究结果基本一致，并未提炼出新的题项。为进一
步充实题项池，我们对相关文献进行了整理与研究，包括学术期刊文章、旅游报刊
文章、网络博文等，新增了 6 个题项，如"尽量购买当地的水果和蔬菜"（Lee
et al.，2013）、"尽量购买雇佣残疾人的旅游企业的产品"（Webb et al.，2008）、
"不会购买不尊重员工的旅游企业的产品"（Francois-Lecompte and Roberts，
2006）等。上述三种方法共产生 47 个初始题项，如表 4-1 所示。

表 4-1　初始题项汇总

编号	题项
1	尽量选择有环保标识的酒店
2	住酒店时，随手关灯，以节约用电
3	品尝当地人提供的特色小吃，以增加他们的收入
4	旅游用餐时，适量点菜，避免铺张
5	购买当地的特色农产品，以增加当地人的收入
6	为净化市场环境，不会购买"零负"团费等超低价旅游产品
7	尽量购买当地的水果和蔬菜
8	节假日出行时，尽量避开游客过多的热点景区，以减轻景区压力
9	住酒店时，控制冲澡时间，以节约用水
10	旅游时，不会为了炫耀而购买不会用到的产品
11	为净化市场环境，不会购买劣质旅游纪念品
12	购买当地的水果，以提高当地人的收入
13	住酒店时，如果不看电视，会将其关闭，以节约用电
14	旅游时，不会冲动消费，购买不实用的产品

编号	题项
15	为净化市场环境，不会雇用无证导游
16	旅游时，采取够用就行的原则进行消费
17	尽量购买雇佣残疾人的旅游企业的产品
18	照顾旅游地小型商店（如小卖部）的生意，以增加当地人的收入
19	可以接受环境保护好的景区制定较高的门票价格
20	购买旅游地民间艺人制作的手工艺品，以增加他们的收入
21	遵守旅游地的饮食禁忌
22	不会购买不尊重员工的旅游企业的产品
23	购买纪念品时，会要求简化包装，以节约资源
24	尽量选择有绿色标识的当地食品
25	在宗教场所游览时，会遵守宗教禁忌
26	住酒店时，减少要求更换床单的次数，以节约资源
27	为净化市场环境，不会乘坐无照运营的旅游车辆
28	外出时尽量选择旅游地公共交通工具，以利于环境保护
29	减少使用酒店一次性洗漱用品，以节约资源
30	购买那些致力于改善员工条件的旅游企业的产品
31	旅游时，不住明显超出自己惯常消费水平的豪华酒店
32	在不使用酒店洗手间时，随手关灯
33	如遇景区（点）随意涨价，向有关部门反映，以维护市场秩序
34	需要时，尽量雇用当地导游，以增加当地人的收入
35	在宗教场所游览时，将手机静音
36	为净化市场环境，不会在旅游地购买假冒名牌产品
37	尽量去当地人开的餐馆用餐
38	旅游购物时，不会跟风消费，购买并不会用到的产品
39	需要时，会尽量选择当地人提供的交通服务，以增加当地人的收入
40	如果遭遇"强制消费"，会向监管部门投诉，以净化市场环境
41	为净化市场环境，不会去因"宰客"而被曝光的旅游商家消费
42	旅游时，不会因旅游地商品价格低廉而大肆购买
43	参加旅游地民俗节事活动时，会征得允许后再拍照
44	节约使用酒店提供的卫生纸
45	在民族地区旅游时，遵守民族禁忌
46	不会去涉赌旅游场所
47	旅游时，会做到入乡随俗

资料来源：根据访谈资料、焦点小组及文献资料整理。

为进一步检验问卷的质量，我们将得到的 47 个题项分别提交给了 2 位学界专家和 1 位业界专家，请他们依据我们给出的定义，筛选合适的题项，并给出理由。结果有 12 个题项被删除或合并，原因包括：由于信息不对称，题项所述信息难以获取（如"购买那些致力于改善员工条件的旅游企业的产品"）；题项所述内容已经触犯法律，超越了旅游者社会责任消费定义的隐含边界（如"不会去涉赌旅游场所"）；所述内容未必出于社会责任消费原因（如"尽量去当地人开的餐馆用餐"）；等等。最后，通过以上步骤，形成了包含 35 个题项的初始量表（见表 4-2）。我们以此量表为基础，编制了旅游者社会责任消费意向调查问卷。

表 4-2　初始量表题项

编号	题项
1	住酒店时，随手关灯，以节约用电
2	购买当地的特色农产品，以增加当地人的收入
3	为净化市场环境，只会在正规的旅游纪念品商店购物
4	住酒店时，控制冲澡时间，以节约用水
5	旅游时，不会为了炫耀而购买不会用到的产品
6	为净化市场环境，只购买有质量保证的旅游纪念品
7	购买当地的水果，以提高当地人的收入
8	住酒店时，如果不看电视，会将其关闭，以节约用电
9	旅游时，不会冲动消费，购买不实用的产品
10	为净化市场环境，不会雇用无证导游
11	照顾旅游地小型商店（如小卖部）的生意，以增加当地人的收入
12	为净化市场环境，只购买正规旅行社提供的"一日游"产品
13	购买旅游地民间艺人制作的手工艺品，以增加他们的收入
14	遵守旅游地的饮食禁忌
15	如遇导游强行索要小费，会向有关部门投诉
16	旅游时，不会去明显超出自己惯常消费水平的饭店用餐
17	在宗教场所览时，遵守宗教禁忌
18	住酒店时，减少要求更换床单的次数，以节约资源
19	为净化市场环境，不会乘坐无照运营的旅游车辆
20	发现所购旅游纪念品存在质量问题时，会找商家要求赔偿
21	减少使用酒店一次性洗漱用品，以节约资源
22	旅游时，不会住明显超出自己惯常消费水平的豪华酒店
23	如遇景区（点）随意涨价，会向有关部门反映

编号	题项
24	需要时，尽量雇用当地人做向导，以增加当地人的收入
25	为净化市场环境，不会在旅游地购买假冒名牌产品
26	参团旅行时，如遇旅行社擅自减少旅游景点，会向有关部门投诉
27	旅游购物时，不会跟风消费，购买并不会用到的产品
28	尽量选择当地人提供的交通服务，以增加当地人的收入
29	如果遭遇"强制消费"，会向监管部门投诉
30	旅游时，不会因旅游地商品价格低廉而大肆购买
31	参加旅游地民俗节事活动时，会征得允许后再拍照
32	节约使用酒店提供的卫生纸
33	在民族地区旅游时，会遵守民族禁忌
34	发现旅游企业存在虚假产品宣传时，会向主管部门投诉
35	旅游时，会做到入乡随俗

资料来源：根据专家反馈意见整理。

2. 预调研

为了对初始问卷的质量进行评估，对初始题项进行提纯与修订，以获得用于正式调研的问卷，我们组织了预调研。我们在问卷星发放问卷 321 份，获得有效问卷 268 份，有效问卷率为 83.5%。被调查者的基本情况如下：被调查者 54% 为女性，46% 为男性；47% 的被调查者每年旅行 1~2 次，41% 的被调查者年均旅行 3~4 次，12% 的被调查者年均旅行超过 4 次；45% 的被调查者在 25~34 岁，37% 的被调查者在 35~44 岁；90% 的被调查者受过大学教育；被调查者中企业职工占 77.5%，事业单位职工占 16%，公务员占 2.5%；21% 的被调查者月收入在 3001~5000 元，52% 的被调查者月收入在 5001~9000 元，23.5% 的被调查者月收入在 9001 元及以上，3.5% 的被调查者月收入在 3000 元及以下。

数据分析结果显示，旅游者社会责任消费意向初始量表的 Cronbach's α 值为 0.872 大于 0.7，表明该量表拥有较高的总体信度，量表整体上可以被接受。利用 SPSS 21.0 软件对 35 个题项进行降维分析，即主成分分析，依照特征值大于 1 的原则进行因子抽取，并采用方差极大正交旋转获得最终的因子载荷矩阵。在分析过程中，符合以下条件之一的题项被删除：①共同度小于 0.5；②因子载荷小于 0.5；③跨载荷超过 0.4（潘煜等，2014）。通过多次因子分析，共有 8 个题项被删除，最终获得了具有较好区分度的因素结构。由此，修订后的旅游者社会责任消费意向量表包含27个题项。为了提高题项表述的准确性与清晰性，在进行正式调研之前，请两位讲授研究方法课程的大学教师对剩余的27个题项的表述进行了审阅，依据反馈意见，共修正了7个题项的语言表述。最终，通过预调研，我们获得了包含27个题项的正式量表（见表4-3），进而以此正式量表为基础，编制了正式调研问卷。

表4-3　正式量表题项

编号	题项
1	旅游时，会做到入乡随俗
2	购买旅游地民间艺人制作的手工艺品，以增加他们的收入
3	为净化市场环境，只购买正规旅行社提供的"一日游"产品
4	旅游时，不会因旅游地商品价格低廉而大量购买
5	住酒店时，随手关灯，以节约用电
6	如果遭遇"强制消费"，向监管部门投诉
7	照顾旅游地小型商店（如小卖部）的生意，以增加当地人的收入
8	餐饮消费时，遵守旅游地的饮食禁忌
9	旅游时，不会冲动消费，购买不实用的产品
10	如遇景区（点）随意涨价，会向有关部门反映
11	会节约使用酒店提供的卫生纸
12	旅游购物时，不会跟风消费，购买并不会用到的产品
13	在民族地区旅游时，会遵守民族禁忌
14	会购买当地的特色农产品，以增加当地人的收入
15	为净化市场环境，只会在正规的旅游纪念品商店购物
16	发现旅游企业存在虚假宣传时，会向主管部门投诉
17	参团旅行时，如遇旅行社擅自减少旅游景点，会向有关部门投诉
18	旅游时，不会住明显超出自己惯常消费水平的豪华酒店
19	在宗教场所游览时，会遵守宗教禁忌
20	如遇导游强行索要小费，会向有关部门投诉
21	购买当地的水果，以增加当地人的收入
22	住酒店时，会控制冲澡时间，以节约用水
23	为净化市场环境，只购买有质量保证的旅游纪念品
24	发现所购旅游纪念品存在质量问题时，会找商家要求赔偿
25	旅游时，不会为了炫耀而购买不会用到的产品
26	住酒店时，如果不看电视，会将其关闭，以节约用电
27	参加旅游地民俗节事活动时，会征得允许后再拍照

资料来源：根据预调研数据分析结果整理。

3. 正式调研及样本情况

正式调研问卷由四部分构成：第一部分为旅游者社会责任消费意向量表，包含 27 个题项，采用 Likert5 级评分法编制，1 分表示"完全不可能"，5 分表示"极有可能"；第二部分为社会赞许性量表（Crowne and Marlowe，1960），采用的是 Strahan 和 Gerbasi（1972）提出的马洛—克罗恩社会赞许性量表（简版），该量表被认为具有良好信度，且与原始量表高度相关（Fischer and Fick，1993），简版量表只有 10 个题项，采用迫选法，要求被调查者就题项描述与自身实际的相符情况进行评价，选"是"记 1 分，选"否"记 0 分，加总后，分数越高表明被调查者社会赞许性水平越高（见表 4-4）；第三部分为集体主义测量量表（McCarty and Shrum，2001），包含三个题项，采用 Likert5 级评分法编制，1 分表示"根本不重要"，5 分表示"非常重要"（见表 4-5）；第四部分为人口统计学特征题项，包括年均出游次数、性别、年龄、受教育程度、职业类型等内容（见表 4-6）。

抽样调查通过专业的信息采集服务商百度云来完成，共收回问卷 810 份，获得有效问卷 700 份，有效问卷率为 86.4%。

表 4-4　社会赞许性量表（简版）

编号	题项
1	我总是愿意承认自己所犯的错误
2	我总是尽力说到做到
3	我从不记恨要求我给予回报的人
4	别人提出不同看法，我从不会感到厌烦
5	我从不故意说伤害别人的话
6	我有时爱传闲话
7	我偶尔会占别人的便宜
8	有时我也会记恨别人，而不是原谅或遗忘
9	我有时会固执地坚持自己的观点
10	我有时很想破坏东西

资料来源：Strahan and Gerbasi（1972）。

表4-5　集体主义测量量表

编号	题项
1	即使结果不会得到对个人的赏识，也要为集体目标竭尽全力
2	做使集体中大多数人都受益的事情，甚至自掏腰包
3	帮助集体中需要帮助的人

资料来源：McCarty 和 Shrum（2001）。

表4-6　子研究一样本人口统计学特征

调查项目	类别	频率	百分比（%）	调查项目	类别	频率	百分比（%）
年均出游次数	没有	58	5.4	性别	男	283	40.4
	1次	136	19.4		女	417	59.6
	2~3次	448	64.0	年龄	24岁及以下	185	26.4
	4次及以上	78	11.1		25~34岁	312	44.6
受教育程度	初中及以下	4	0.6		35~44岁	142	20.3
	高中	24	3.4		45~54岁	55	7.9
	大专	91	13.0		55~64岁及以上	6	0.9
	本科	547	78.1	月均收入	3000元及以下	48	6.9
	研究生	34	4.9		3001~5000元	103	14.7
职业类型	企业员工	391	55.9		5001~7000元	170	24.3
	公务员	28	4.0		7001~9000元	133	19.0
	事业单位职工	97	13.9		9001元及以上	107	15.3
	学生	168	24.0		没有收入	138	19.7
	其他	16	2.2		不便作答	1	0.1

　　由表4-6可知，年均出游2~3次的人群占比最高（64.0%）；女性多于男性；具有本科学历人群占比达78.1%；45岁以下年轻人群占绝大多数；企业员工和学生合计占比近80%；月收入3001~9000元的人群占比接近60%。样本基本覆盖了主要出游人群，具有较好的代表性。

　　根据Tabachnick 和 Fidell（2001）提出的建议，如果有足够的样本量，可以随机将样本分为两部分，一部分用于探索性因子分析，另一部分用于验证性因子分析。本书使用SPSS 21.0中的随机选择个案功能，将700份问卷个案随机分为两部分，第一部分包括354份，用于探索性因子分析，题项与样本比例达到1：8；第二部分包括346份，用于验证性因子分析，题项与样本比例高于1：8。

二、数据分析

1. 探索性因子分析

在进行探索性因子分析之前，为避免同一个体填写问卷时可能造成同源方差问题，采用 Harman 单因子检验法对数据进行检验（Podsakoff and Organ，1986），未旋转时共析出 4 个因子，第一个因子的方差解释率为 23.465%，低于 40% 的判定标准，表明本轮数据的共同方法偏差在可以接受的范围之内。进一步对数据的因子分析适宜性进行检验，结果得到的 KMO 值为 0.814，大于 0.8，Bartlett 球形检验的显著性系数为 0.000，小于 0.05，表明所收集的数据适合进行因子分析。探索性因子分析必须经过多次试探程序才能发掘较佳的因素结构（吴明隆，2010）。在具体分析过程中，采取主成分分析法，并设置方差极大正交旋转，提取特征根大于 1 的因素，获得的因子载荷矩阵如表 4-7 所示，最终得到 16 个题项，提取了 4 个因子，解释的总方差为 63.620%，总量表的 Cronbach's α 系数为 0.759，各因子的 Cronbach's α 系数均符合 Nunnally（1978）提出的最小不低于 0.7 的标准，通过了内部一致性检验。根据各因子的题项构成，分别命名为维护权益、适度消费、促进当地人增收、尊重当地文化禁忌。探索性因子分析结果如表 4-7 所示。

2. 验证性因子分析

（1）整体模型外在质量的评估。本书使用 AMOS 22.0 软件检验由探索性因子分析获得的理论模型 ［一阶四因子模型（M1）］ 与实际观测数据的适配程度。为了更好地评估该模型的外在质量，我们提出了两个竞争模型：二阶单因子模型（M2），假设存在一个高阶因子主宰 4 个一阶因子；一阶单因子模型（M3），假设 16 个题项拥有共同的潜变量——旅游者社会责任消费意向。三个模型经修正后的拟合结果如表 4-8、表 4-9 和表 4-10 所示。可以看出，作为整体模型，M1 和 M2 的绝对适配度、增值适配度与简约适配度的各项指标均达到了适配标准，两个模型与实际观测数据的适配程度均比较理想。M3 的绝对适配度、增值适配度，以及简约适配度的各项指标均存在不达标的情况，表明该模型的拟合情况不理想。至此，为了获得最优模型，我们对 M1 和 M2 的内在质量，即信度与效度进行进一步的验证与比较。

（2）整体模型内在质量的检验。主要从以下几个方面进行检验：

1）组合信度（Composite Reliability）。M1 的 4 个潜变量的组合信度指标介于

表 4-7 探索性因子分析结果

维度	题项	因子载荷	Cronbach's α	初始特征值	因子方差贡献（%）	累计方差贡献（%）
维护权益	题项 1 发现旅游企业存在虚假宣传时，我会向主管部门投诉	0.802	0.844	3.754	23.465	23.465
	题项 2 如遇景区（点）随意涨价，我会向有关部门反映	0.795				
	题项 3 如果遭遇"强制消费"，我会向监管部门投诉	0.787				
	题项 4 如遇导游强行索要小费，我会向有关部门投诉	0.771				
	题项 5 参团旅行时，如遇旅行社擅自减少旅游景点，我会向有关部门投诉	0.737				
适度消费	题项 6 旅游购物时，我不会跟风消费，购买并不会用到的产品	0.868	0.844	3.345	20.909	44.374
	题项 7 旅游时，我不会冲动消费，购买不会用到的产品	0.847				
	题项 8 旅游时，我不会住明显超出自己惯常消费水平的豪华酒店	0.717				
	题项 9 旅游时，我不会为了炫耀而购买不会用到的产品	0.731				
促进当地人增收	题项 10 我会购买当地的水果，以增加当地人的收入	0.715	0.704	1.938	12.111	56.485
	题项 11 我会购买当地的特色农产品，以增加当地人的收入	0.755				
	题项 12 我会购买旅游地民间艺人制作的手工艺品，以增加他们的收入	0.733				
	题项 13 我会照顾旅游地小型商店（如小卖部）的生意，以增加当地人的收入	0.680				
尊重当地文化禁忌	题项 14 在民族地区旅游时，我会遵守民族禁忌	0.838	0.763	1.142	7.136	63.620
	题项 15 在宗教场所游览时，我会遵守宗教禁忌	0.836				
	题项 16 我会遵守旅游地的饮食禁忌	0.673				

表4-8　整体模型的绝对适配度

适配指标	χ2/p	RMR	RMSEA	GFI	AGFI
适配标准	<2	<0.05	<0.05	>0.90	>0.90
M1：一阶四因子模型	1.861	0.044	0.050	0.942	0.917
M2：二阶单因子模型	1.863	0.043	0.050	0.942	0.917
M3：一阶单因子模型	2.474	0.077	0.065	0.934	0.894

表4-9　整体模型的增值适配度

适配指标	NFI	RFI	IFI	TLI	CFI
适配标准	>0.90	>0.90	>0.90	>0.90	>0.90
M1：一阶四因子模型	0.930	0.912	0.967	0.957	0.966
M2：二阶单因子模型	0.930	0.912	0.967	0.957	0.966
M3：一阶单因子模型	0.917	0.883	0.949	0.927	0.948

表4-10　整体模型的简约适配度

适配指数	PGFI	PNFI	CN	BIC	CAIC
适配标准	>0.5以上	>0.5以上	>200 (α=0.05)	小于竞争模型的指标值，并大于饱和模型与独立模型指标	小于竞争模型的指标值，并大于饱和模型与独立模型指标
M1：一阶四因子模型	0.658	0.737	232	416.482	457.482
M2：二阶单因子模型	0.658	0.737	232	416.670	457.670
M3：一阶单因子模型	0.584	0.650	177	508.449	559.449

0.794~0.876，高于 Bagozzi 和 Yi（1988）推荐的大于 0.6 的要求，且均高于 Fornell 和 Larcker（1981）推荐的更理想的标准（0.7），说明 M1 具有良好的内部一致性。另外，观察变量的 R^2 反映了其潜在变量的信度，在 M1 中，除个别测项的 R^2 值较低外，其他均大于或接近 Bagozzi 和 Yi（1988）推荐的大于 0.5 的标准（见表 4-11）。M2 的验证性因子分析结果如表 4-12 所示，可以看出，相较于 M1，M2 的二阶因子的组合信度未能达到理想水平，其内部一致性较差。

2）内容效度（Content Validity）。内容效度指量表能够有效地度量所研究的问题，对内容效度的检验主要采用定性方法（潘煜等，2014）。在本书中，我们基于深度访谈、焦点小组以及文献研究等定性方法设计初始量表，邀请学界、业界专家反复沟通与修订所设计的问卷，并组织了适当规模的预调研，因此本次量表编制过程是在认真、规范的流程下完成的，量表具有可靠的内容效度。

3）收敛效度（Convergent Validity）。根据 Hair 等（2009）的观点，当满足潜变量与观测变量之间的标准载荷>0.5 且潜变量平均方差抽取量 AVE>0.5 时，表明量表的收敛效度良好。在 M1 中，16 个题项的标准化因子载荷介于 0.64~0.88，均大于 0.5 的标准，并达到了显著性水平，同时 4 个潜变量的 AVE 值除促进当地人增收维度略低于 0.5 外，其他三个均大于 0.5，满足阈值要求，表明 M1 具有良好的收敛效度。另外，M1 的 16 个测项的 t 值远大于 1.96，且达到了显著水平（p<0.05），表明模型的内在质量良好（吴明隆，2010）（见表 4-11）。从表 4-12 可以看出，M2 中四个一阶潜变量在二阶因子上的标准载荷介于 0.08~2.51，未能满足阈值，且存在载荷过低（高）的情况，相应地，AVE 值也小于0.5，因此 M2 未能通过收敛效度检验，表明该模型的内在质量欠佳。

表 4-11 一阶四因子模型的验证性因子分析结果

维度	题项	标准化因子载荷	t 值	信度系数（R^2）	组合信度	AVE
维护权益	题项 1	0.83		0.69	0.876	0.587
	题项 2	0.76	15.468	0.58		
	题项 3	0.71	13.842	0.50		
	题项 4	0.70	13.726	0.49		
	题项 5	0.82	16.792	0.67		
适度消费	题项 6	0.72		0.52	0.857	0.601
	题项 7	0.73	16.782	0.53		
	题项 8	0.76	8.553	0.58		
	题项 9	0.88	9.137	0.77		
促进当地人增收	题项 10	0.64		0.41	0.794	0.492
	题项 11	0.75	10.535	0.56		
	题项 12	0.68	9.520	0.46		
	题项 13	0.73	10.075	0.53		
尊重当地文化禁忌	题项 14	0.83		0.69	0.802	0.577
	题项 15	0.77	13.014	0.59		
	题项 16	0.67	12.188	0.45		

表 4-12 二阶单因子模型的验证性因子分析结果

维度	题项	标准化因子载荷	t 值	信度系数（R²）	组合信度	AVE
旅游者社会责任消费意向	维护权益	0.11		0.01	0.404	0.267
	适度消费	0.22	3.588	0.05		
	促进当地人增收	0.08	2.618	0.01		
	尊重当地文化禁忌	2.51	0.371	6.28		
维护权益	题项 1	0.83		0.69	0.876	0.587
	题项 2	0.76	15.369	0.58		
	题项 3	0.71	14.089	0.50		
	题项 4	0.70	13.772	0.49		
	题项 5	0.82	16.728	0.67		
适度消费	题项 6	0.72		0.52	0.857	0.601
	题项 7	0.73	16.794	0.53		
	题项 8	0.76	9.114	0.58		
	题项 9	0.88	9.986	0.77		
促进当地人增收	题项 10	0.64		0.41	0.794	0.492
	题项 11	0.75	10.318	0.56		
	题项 12	0.68	9.752	0.46		
	题项 13	0.73	10.186	0.53		
尊重当地文化禁忌	题项 14	0.83		0.69	0.802	0.577
	题项 15	0.77	13.321	0.59		
	题项 16	0.67	11.908	0.45		

4）区分效度（Discriminate Validity）。当潜变量的 AVE 平方根大于该潜变量与其他变量的相关系数时，表明量表的区分效度良好（Fornell and Larcker，1981）。数据分析结果表明，M1 中各潜变量 AVE 值的算术平方根均大于潜变量之间的相关系数，表明该模型的潜在结构有良好的区分效度（见表 4-13）。由于 M2 只有一个二阶因子，因此无须进行区分效度检验。

最终，通过模型比较分析，我们发现一阶四因子模型（M1）不论是外在质量还是内在质量都达到了相应的标准，是最适合的理论模型。

5）效标效度（Criterion Validity）。效标效度是指测量结果与一些能够精确表示被测概念的标准之间的一致性程度（李灿和辛玲，2008）。将拟检验变量同其他与其有理论关系的变量组成因果关系进行检验是效标效度检验的常用方法。

McCarty 和 Shrum（2001）发现，集体主义与回收行为相关，持集体主义的被调查者认为回收行为更加重要。Webb 等（2008）在开发量表的同时，也验证了集体主义与社会责任消费的正相关关系。本书使用 AMOS 22.0 对集体主义与旅游者社会责任消费意向的四个维度之间的因果关系进行检验，结果如表 4-14 所示，可以看出，因果模型与研究数据的各项拟合指标都在可接受范围之内，集体主义对旅游者社会责任消费意向的四个维度均有显著的正向影响，表明本书开发的量表具有较好的效标效度。

表 4-13　各潜变量 AVE 值的算术平方根与相关系数

潜变量	维护权益	适度消费	促进当地人增收	尊重当地文化禁忌
维护权益	0.766			
适度消费	−0.004 *	0.775		
促进当地人增收	0.289 *	−0.179 *	0.701	
尊重当地文化禁忌	0.251 *	0.533 *	0.187 *	0.760

注：对角线为 AVE 值的算术平方根；对角线以下为相关系数，* 表示该相关系数小于 AVE 值的算术平方根。

表 4-14　集体主义对旅游者社会责任消费意向的影响路径系数

路径	标准化路径系数	P	t 值
集体主义-维护权益	0.372 **	0.00	4.531
集体主义-适度消费	0.234 *	0.02	2.987
集体主义-促进当地人增收	0.339 **	0.00	4.818
集体主义-尊重当地文化禁忌	0.573 **	0.00	6.586
拟合指标	$\chi^2/P = 1.786$　　RMSEA = 0.044 GFI = 0.941　　AGFI = 0.918　　CFI = 0.965		

注：** 表示 P<0.01，* 表示 P<0.05。

3. 社会赞许性

社会赞许性指的是社会舆论的赞成或反对程度对问卷或量表中题目作答情况的影响程度。在面对具有社会赞许性的问题时，被调查者常常会对社会赞许的问题给出肯定答案，而对社会不赞许的问题作出否定回答。被调查者的社会赞许性反应对量表的可信度会产生不利影响，降低量表的可信度。本书对社会赞许性与旅游者社会责任消费意向的相关关系进行了检验，结果显示，社会赞许性与其四个因子尽管存在显著的相关关系，但相关系数很低（Webb et al.，2008），介于0.125~0.198（见表4-15）。因此，本书认为社会赞许性对问卷调查的影响可以忽略。

表4-15 社会赞许性与旅游者社会责任消费意向的相关系数

变量	维护权益		适度消费		促进当地人增收		尊重当地文化禁忌	
	r	P	r	P	r	P	r	P
社会赞许性	0.158	0.003	0.125	0.02	0.198	0.000	0.198	0.000

第三节 结论与讨论

本书开发了旅游者社会责任消费意向测量量表，分析结果表明，包含16个题项的量表具有良好的信度与效度。研究发现，旅游者社会责任消费意向量表包含四个维度：维护权益、适度消费、促进当地人增收和尊重当地文化禁忌。这四个维度体现了旅游者社会责任消费的定义，即旅游者在购买、使用（体验）旅游产品和服务的过程中，重视其对环境、经济、社会、文化等方面的影响，自觉做到最大化积极影响、最小化消极影响的各种消费行为的集合。

从研究所得到的四个维度来看，有的与国内外已开发的社会责任消费量表维度相近，如维护权益、适度消费，有的则完全不同，如促进当地人增收与尊重当地文化禁忌。这表明，旅游者社会责任消费意向与一般社会责任消费有相通之处，但同时又具有符合自身消费属性的特殊性，即主要面向旅游目的地这一非惯常环境进行社会责任消费。另外，与徐虹和游喜喜（2018）采用定性方法开发的量表相比，适度消费、促进当地人增收得以保留，增加了维护权益与尊重当地文化禁忌两个维度，减少了保护环境与维护市场秩序两个维度。

进一步对所得到的四个维度进行分析发现：

其一，绝大部分社会责任消费量表中包含的保护环境与企业社会责任维度并未在旅游者社会责任消费意向量表中出现。对于环保维度的缺失，Prideaux 等

（2004）曾提到，一个假期不仅是身体上逃离家庭所在地，也是一个人对在家时所感受到的一系列责任、义务的心理逃脱，就此推断，旅游者在目的地做出的与环保相悖的行为如随意丢弃垃圾、践踏草坪等或许就是其在非惯常环境下的一种"责任懈怠"，环保维度的缺失或与此有关。对于企业社会责任维度的缺失，有很大一部分原因在于旅游消费的异地性与暂时性。由于旅游消费的异地性与暂时性，非惯常环境下信息不完全、不对称的情况比惯常环境下更为突出（管婧婧、董雪旺和鲍碧丽，2018）。旅游者对目的地旅游企业的信息通常知之甚少，信息不对称情况突出，旅游者的社会责任消费意向中极易忽略企业社会责任问题。

其二，从维护权益与适度消费两个维度来看，两者虽然从关注自身利益的角度出发，但在客观上却有益于社会。这两个维度在已有的社会责任消费量表中均有出现（阎俊和佘秋玲，2009；袁裕辉、杨伟光和丁楚红，2016；Françoise-Lecompte and Roberts，2006），这说明旅游者社会责任消费意向与一般社会责任消费意向在某些领域的关注点是相同的，研究旅游者社会责任消费不能脱离一般社会责任消费，后者对前者具有重要的参考价值。

其三，从促进当地人增收和尊重当地文化禁忌两个维度来看，旅游者社会责任消费意向有着鲜明的目的地指向性。旅游者希望通过旅游消费增加目的地社区居民的收入，并通过在旅游过程中尊重当地文化禁忌，追求最大化对目的地社会、经济、文化方面的积极影响、最小化消极影响。这两个维度充分说明了旅游者社会责任消费不同于一般社会责任消费的独特性，表明旅游者社会责任消费具有相对独立的问题属性与独特的研究价值。

第四节 本章小结

本章旨在开发旅游者社会责任消费意向测量量表。本章以现实中存在的旅游者社会责任消费行为为出发点，通过对社会责任消费相关文献的系统梳理，结合焦点小组讨论，提出了旅游者社会责任消费的概念，即旅游者在旅游消费过程中，重视其消费行为对环境、经济、社会、文化等方面的影响，自觉做到最大化积极影响，最小化消极影响的各种行为的集合。同时，指出旅游者社会责任消费具有亲社会性、多维性、动态性与目的地指向性四个基本属性。通过与可持续旅游、生态旅游、负责任旅游、选择性旅游及志愿者旅游进行概念辨析，阐明旅游者社会责任消费具有执行主体清晰、易于操作、外围约束少以及易于获得理解与接受等特点，且旅游者社会责任消费与其他概念秉持一致的发展理念，即促进经济、社会、环境与文化的健康发展，避免消极影响，同时也是其他概念的实践路径。

在明确概念的基础上，本章依据量表开发的规范流程生成题项、提纯题项、检验信度与效度，最终获得了包含四个维度、16 个题项的旅游者社会责任消费意向测量量表，并将四个维度分别命名为维护权益、适度消费、促进当地人增收与尊重当地文化禁忌。通过与已有研究进行对话发现：维护权益与适度消费两个维度与社会责任消费的相关研究有重合，表明了旅游者社会责任消费与一般社会责任消费的相通性；促进当地人增收与尊重当地文化禁忌两个维度为旅游者社会责任消费意向量表所独有，是本书的特殊发现，反映了旅游者社会责任消费这一概念的独特性。

从获得的旅游者社会责任消费意向量表及其四个维度可以看出：第一，旅游者首先是消费者，维护自身权益、保持适度消费是其作为普通消费者进行社会责任消费的基本行为方式；其次，作为在非惯常环境下进行消费的旅游者，其社会责任消费行为具有鲜明的、指向旅游目的地的特点，促进当地人增收、尊重当地文化禁忌均体现了这一特点。本章的研究过程表明，旅游者社会责任消费意向量表得到了实证数据的支持，进而印证了旅游者社会责任消费这一概念所具有的现实基础。量表的成功开发则为后续深入开展理论研究奠定了坚实的基础。

第五章
旅游者社会责任消费意向的
影响机制模型

如前文所述，子研究二旨在构建旅游者社会责任消费意向的影响机制模型，是全书的核心所在。本章聚焦于此，主要包含两部分研究内容：一是通过理论整合与实证研究，构建并验证旅游者社会责任消费意向影响机制模型；二是从旅游消费特征出发，检验不同特征对旅游者社会责任消费意向的影响。

第一节　问题的提出

在提出旅游者社会责任消费概念、开发旅游者社会责任消费意向量表的基础上，本书将进一步构建旅游者社会责任消费意向的影响机制模型，并检验旅游消费特征对意向的影响。

第一，构建旅游者社会责任消费意向影响机制模型。影响机制研究是本书的核心内容：首先，从实践角度来看，研究旅游者社会责任消费的目的在于促使这一行为的发生，而依据计划行为理论，决定个体行为的最直接因素就是意愿（或意向），因此探究旅游者社会责任消费意向的影响机制将有助于把握促发行为的深层要素，进而采取有针对性的对策；其次，从理论构建的角度来看，提出概念、开发量表只是发展理论的初级阶段，而构建旅游者社会责任消费意向影响机制模型才是发展理论的关键环节。

在研究个体行为决策的机制方面，计划行为理论是已有文献中应用最为广泛的模型框架之一（李秋成，2015）。有关社会责任消费的很多国内外研究都用到了计划行为理论。Han 和 Stoel（2017）关于计划行为理论在社会责任消费中的应用的元分析结果也证实了计划行为理论的预测力。鉴于此，本书将应用该理论构建并验证旅游者社会责任消费意向影响机制模型。此外，由于计划行为理论以理性人假设为前提，注重利益评估以及理性选择在个体行为决策中的主导作用，应用其解释利他行为时可能存在局限性，因此本书将从社会偏好理论出发，引入变量，对计划行为理论进行一定的改进。规范激活理论是解释利他行为的重要理论，被广泛应用于骨髓捐赠、志愿者活动以及亲环境行为等研究领域，且被证明是有效的理论工具。考虑到旅游者社会责任消费所具有的亲社会属性，本书也将规范激活理论的核心变量引入计划行为理论。因此，本书将以计划行为理论为基本框架，整合社会偏好理论与规范激活理论的核心变量，构建旅游者社会责任消费意向影响机制模型。具体地，主要围绕以下两个方面的问题展开研究。

（1）一般性的计划行为理论能否预测旅游者社会责任消费意向？这一问题的提出基于两个研究目的：一是探索旅游者社会责任消费意向的影响因子，把握促发意向的前端核心要素；二是检验应用计划行为理论解释旅游者社会责任消费的适用性，拓展该理论的应用范畴。

（2）以社会偏好理论、规范激活理论为依据，引入变量对计划行为理论进行改造后，能否预测旅游者社会责任消费意向？该问题的提出同样基于两个研究目的：一是在计划行为理论的基础上进一步发掘深层影响因子与内在机制，从而深化对旅游者社会责任消费意向影响因素、影响机制的认识；二是通过对计划行为理论模型的改进检验这一理论的开放性与包容性。

第二，检验旅游消费特征对旅游者社会责任消费意向的影响。旅游者社会责任消费是将社会责任消费概念引入旅游消费情境后提出的新概念，那么旅游消费特征是否会对旅游者社会责任消费意向产生影响？具体影响情况又是如何？问题的提出主要基于两个方面的原因：一是立足旅游学科特点，从自身视角考察问题的需要；二是为了能够更加全面地认识旅游者社会责任消费意向的影响因素，特别是与旅游消费特征相关的因素。

如前文所述，旅游消费具有异地性与暂时性特征。本书认为分别与这两个特征相关的社会距离和时间压力变量会对旅游者社会责任消费意向产生负面影响。基于这一判断，本章还将专门检验社会距离与时间压力对旅游者社会责任消费意向的影响。

第二节　旅游者社会责任消费意向
影响机制模型的构建

一、假设推演

1. 计划行为理论

如前文所述，计划行为理论是在理性行为理论的基础上发展起来的理论模型。根据理性行为理论，行为意向是决定行为的直接因素，一个人执行（或不执行）某一行为的意向是该行为的决定因素，除非发生不可预见的事件，否则人们会按照自己的意向行事。行为意向是指影响个体行为的动机因素，表明个体愿意尝试某种行为并为之付出努力的程度（Ajzen and Fishbein，1980）。依据该理论，行为态度和主观规范是决定行为意向的两个基本决定因素。行为态度是个体对行为的正面或负面评价，当个体对执行特定行为持更为积极的态度时，个体会产生更强的意向去执行该行为；主观规范是个体对社会压力的感知，社会压力会迫使个体做出或不做出特定的行为，个体感受到的执行某种行为的社会压力越大，其执行该行为的意向更强。理性行为理论获得了大量研究的支持（杰弗里·A. 迈尔斯，2017）。Sheppard 等（1988）在一项元分析中指出，该理论能有效地预测行为意图和行为。

后续的研究发现，理性行为理论忽略了一个重要变量，即感知行为控制，这一变量是指一个人对其执行特定行为的能力的感知，当个体认为自身具备特定的能力、资源与机会执行某种行为时，其执行该行为的意向更强。Ajzen（1985）将感知行为控制引入理性行为理论，并重新将其命名为计划行为理论。所以，计划行为理论的基本命题是：如果人们认为某种行为会导致一个特定的和有价值的结果，而且其重要的意见参考群体又重视且支持这一行为，同时他们也有必要的能力、资源与机会进行这样的行为时，其行为意向就会增强，人们就可能会执行该特定类型的行为。Christopher（2001）对 185 项独立研究进行了元分析，研究结果证实，计划行为理论的应用领域广泛，是预测意向和行为的有效模型。

很多学者应用计划行为理论对社会责任消费的相关问题进行了研究。邓新明

（2012）的研究发现，行为态度、主观规范与感知行为控制会显著影响消费者的伦理购买行为意向。Prendergast 和 Tsang（2019）的研究发现，态度、主观规范和感知行为控制都是三种社会责任消费意向类型的显著预测因子（三种意向类型包括：根据企业的社会责任表现向其购买产品的意向、实行回收利用的意向以及根据产品对环境的影响尽量避免或减少使用产品的意向）。Han 等（2010）研究了游客的绿色酒店选择行为，结果表明，计划行为理论在数据匹配、解释力方面均优于理性行为理论，行为态度、主观规范与感知行为控制均对游客的绿色酒店选择意向具有积极影响。Han 和 Stoel（2017）关于计划行为理论应用于社会责任消费者行为的元分析结果证实，计划行为理论为解释社会责任消费者行为提供了良好的理论框架，其中行为态度对意向的影响最强（$r^+=0.53$，$p<0.0001$），其次为主观规范（$r^+=0.50$，$p<0.0001$），感知行为控制对意向的影响相对较弱（$r^+=0.39$，$p<0.0001$）。基于上述分析，本书以计划行为理论为基准理论框架，推论一般性的计划行为理论模型中所包含的行为态度、主观规范和感知行为控制三个预测变量能够显著地正向影响旅游者社会责任消费意向的四个维度，即维护权益、适度消费、促进当地人增收以及尊重当地文化禁忌，具体的研究假设如下：

H1：态度正向影响旅游者社会责任消费意向的四个维度

H1a：态度正向影响旅游者维护权益意向

H1b：态度正向影响旅游者适度消费意向

H1c：态度正向影响旅游者促进当地人增收意向

H1d：态度正向影响旅游者尊重当地文化禁忌意向

H2：主观规范正向影响旅游者社会责任消费意向的四个维度

H2a：主观规范正向影响旅游者维护权益意向

H2b：主观规范正向影响旅游者适度消费意向

H2c：主观规范正向影响旅游者促进当地人增收意向

H2d：主观规范正向影响旅游者尊重当地文化禁忌意向

H3：感知行为控制正向影响旅游者社会责任消费意向的四个维度

H3a：感知行为控制正向影响旅游者维护权益意向

H3b：感知行为控制正向影响旅游者适度消费意向

H3c：感知行为控制正向影响旅游者促进当地人增收意向

H3d：感知行为控制正向影响旅游者尊重当地文化禁忌意向

有研究证实，主观规范也会影响态度。Han 和 Stoel（2017）关于计划行为理论的元分析结果表明，主观规范与态度之间存在中强度水平的相关关系（r⁺=0.44，p<0.0001）。Chang（1998）在研究大学生拷贝未授权软件的意向时，通过增加主观规范对行为态度的影响路径来对计划行为理论进行改进，结果表明模型适配度有了显著的提高。Al-Rafee 和 Cronan（2006）的研究证实，主观规范会影响人们对使用盗版数字材料的态度，两者呈现方向一致的变化。Wu 和 Lin（2007）在应用计划行为理论研究人们的知识共享行为时发现，主观规范直接影响态度，被调查者感知到的主观规范越积极，他们的态度就越积极正面。实际上，社会心理学领域的认知失调理论（Congnitive Dissonance Theory）很好地解释了人们行为态度的改变。该理论认为，一个人为了融入自身所处的社会支持体系，避免因个人认识受到群体成员的反对而造成的认知失调与心理紧张，会有意识地改变自身的行为态度（Festinger，1957）。因此，本书认为主观规范会通过影响态度进而间接影响旅游者社会责任消费意向，具体假设如下：

H4：态度在主观规范对旅游者社会责任消费意向四个维度的影响中起中介作用

H4a：态度在主观规范对旅游者维护权益意向的影响中起中介作用

H4b：态度在主观规范对旅游者适度消费意向的影响中起中介作用

H4c：态度在主观规范对旅游者促进当地人增收意向的影响中起中介作用

H4d：态度在主观规范对旅游者尊重当地文化禁忌意向的影响中起中介作用

2. 利他主义与计划行为理论

Griskevicius 等（2010）指出，相较于一般的消费行为，消费者在社会责任消费过程中可能会在时间、金钱和精力等方面担负一定损失，具有明显的亲社会性。而根据社会偏好理论，人们在关心自身利益的同时也会顾及他人的收益（陈叶烽、叶航和汪丁丁，2011）。由此推断，社会偏好理论是解释具有亲社会属性的社会责任消费的适用理论。利他主义是指不求回报地为他人的利益而行动（Schwartz，1977），是对社会和他人福利的关心（Stern et al.，1993）。这一概念的含义与社会偏好理论的基本原理相统一，且在程度上更进一步。由于利他主义是一种影响人类行为和决策的心理特征（Pywell，2000），因此我们进一步推断，利他主义会正面影响社会责任消费意向。事实上，有研究已经证实了利他主义对亲社会行为（意向）的积极影响。例如，Panda 等（2020）证实了利他主义对绿色产品购买意向的积极影响；Teng 等（2015）将利他主义引入计划行为理论，结果表明，利他主义显著影响消费者光顾绿色酒店的意向；Mostafa（2007）指出利他主义影响消费者购买绿色产品的意向；等等。综上，由于旅游者社会责任消费概念的提出源于社会责任消费，同样具有亲社会属性，因此我们提出将利他主义引入计划行为理论，假设利他主义对旅游者社会责任消费意向存在正向影响。另外，以往相关研究提出并证实了利他主义对态度的正向影响（Oh and Yoon，2014；Teng et al.，2015），本书也将提出并验证这一假设，具体假设如下：

H5：利他主义正向影响旅游者社会责任消费意向的四个维度

H5a：利他主义正向影响旅游者维护权益意向

H5b：利他主义正向影响旅游者适度消费意向

H5c：利他主义正向影响旅游者促进当地人增收意向

H5d：利他主义正向影响旅游者尊重当地文化禁忌意向

H6：利他主义通过态度的中介作用影响旅游者社会责任消费意向的四个维度

H6a：利他主义通过态度的中介作用影响旅游者维护权益意向

H6b：利他主义通过态度的中介作用影响旅游者适度消费意向

H6c：利他主义通过态度的中介作用影响旅游者促进当地人增收意向

H6d：利他主义通过态度的中介作用影响旅游者尊重当地文化禁忌意向

3. 道德义务与计划行为理论

大量实证研究表明，规范激活理论（NAM）是解释亲社会、亲环境行为的有效理论（Ruyter and Wetzels，2000）。该理论主要由结果意识、责任归属和个体规范三个变量构成。结果意识是指当个体没有执行亲社会行为时，其会感知到对他人或他人所珍视的其他事物的不利影响。通常情况下，人们越是强烈地感知到特定情况的结果，就越有可能使个体规范得到激活，进而推动相应的利他行为的实施。责任归属是指个体对不实施亲社会行为所造成的负面后果的责任感知。个体规范是指履行或避免具体行动的道德义务（De Groot and Steg，2009），是根植于内在价值的自我期望、约束与义务（Schwartz，1977）。大多数研究结果表明，个体规范对行为的影响最直接、最显著（张晓杰、靳慧蓉和娄成武，2016）。Han 等（2015）也提出，个人规范是规范激活框架中与亲社会意愿最相近的变量，是构成该模型的核心变量（Onwezen et al.，2013）。Schwartz（1977）指出，个体规范是社会责任行为的直接决定因素。Han 和 Stoel（2017）在关于社会责任消费者行为的元分析中总结到，个体规范在解释社会责任购买行为中展示出了良好的预测效度；当把个体规范引入计划行为理论后，社会责任购买意愿的方差解释度得到了显著提升。基于此，本书将个体规范，即道德义务引入计划行为理论。由于旅游者社会责任消费意向具有亲社会属性，适用于规范激活理论，因此本书认为道德义务会正向影响旅游者社会责任消费意向。事实上，已有不少相关研究证实了道德义务对亲社会行为（意向）具有良好的预测能力，如对游客旅行中亲环境行为意向的影响（Kiatkawsin and Han，2017；Van Riper and Kyle，2014）；对游客选择入住绿色酒店行为意向的影响（Han，2015）；对消费者购买环境友好型服装产品行为的影响（Kim and Seock，2019）；对旅游者选择环保型旅游方式意向的影响（Doran and Larsen，2016）；对负责任的可持续消费行为的影响（Hosta and Zabkar，2020）；等等。综上，我们推断道德义务会正向影响旅游者社会责任消费意向，具体假设如下：

H7：道德义务正向影响旅游者社会责任消费意向的四个维度

H7a：道德义务正向影响旅游者维护权益意向

H7b：道德义务正向影响旅游者适度消费意向

H7c：道德义务正向影响旅游者促进当地人增收意向

H7d：道德义务正向影响旅游者尊重当地文化禁忌意向

有人认为个体规范在某种程度上可以看作内在化的社会规范（Thøgersen，2006）。有研究表明，社会规范内化成个人规范后对行为的约束比社会规范对行为的直接约束作用更强（Grasmick and Bursik，1990）。诸多研究结果表明，社会规范会对个体规范产生正面影响（Park and Sohn，2012；Bamberg and Möser，2007）。Lauper 等（2016）在一项关于道路交通降噪的研究中发现，社会规范对个体规范有显著的正向影响，社会规范通过个体规范的中介作用影响汽车司机的降噪意向。在一项关于环境行为的元分析中，研究者发现社会规范对个体规范具有显著的正向影响（Klöckner，2013）。在一项关于节能汽车购买意向影响机制的研究中，研究者也发现了社会规范对个体规范的积极影响（Nayum and Klöckner，2014）。Kim 和 Seock（2019）的研究也得出了比较一致的结论：社会规范影响个体规范，并通过个体规范的中介作用影响环境友好型产品的购买意向。Sia 和 Jose（2019）的研究表明，在主观规范对建造环境友好型房屋行为意向的影响中，个体规范，即道德义务起着完全中介作用。龙晓枫、田志龙和侯俊东（2016）在对中国消费者社会责任消费行为影响机制的研究中发现，社会规范会影响个体规范，进而通过规范行为意向作用于社会责任购买意向。以上关于亲社会行为的研究均表明社会规范会影响个体规范，因此本书用计划行为理论中的主观规范代替社会规范，假设主观规范会影响个体规范（道德义务），进而影响旅游者社会责任消费意向，具体假设如下：

H8：主观规范通过道德义务的中介作用影响旅游者社会责任消费意向的四

个维度

　　H8a：主观规范通过道德义务的中介作用影响旅游者维护权益意向

　　H8b：主观规范通过道德义务的中介作用影响旅游者适度消费意向

　　H8c：主观规范通过道德义务的中介作用影响旅游者促进当地人增收意向

　　H8d：主观规范通过道德义务的中介作用影响旅游者尊重当地文化禁忌意向

二、概念模型

　　基于上述分析，本书推断：计划行为理论中的主观规范、态度、感知行为控制，规范激活理论中的核心变量道德义务，以及利他主义是影响旅游者社会责任消费意向四个维度（维护权益、适度消费、促进当地人增收、尊重当地文化禁忌）的重要因素。然而，由于旅游者社会责任消费行为的实践与管理在我国尚处于起步阶段，且测量实际行为比较困难，而预测实际行为的最直接变量一般被认为是行为意向（Ajzen，1991），因此本书整体上以行为意向替代实际行为，通过实证研究检验本书所提出的研究假设。由于因变量具有四个维度，本书依据不同的维度提出了四个概念模型，如图 5-1、图 5-2、图 5-3 与图 5-4 所示。

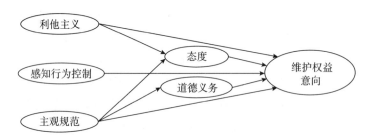

图 5-1　子研究二（一）的概念模型（一）

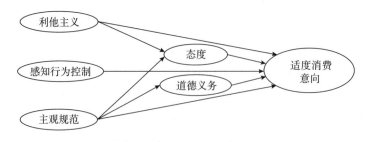

图 5-2　子研究二（一）的概念模型（二）

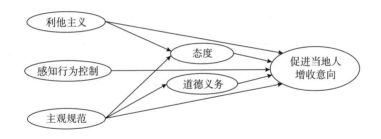

图 5-3　子研究二（一）的概念模型（三）

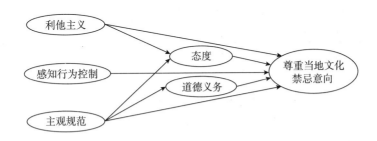

图 5-4　子研究二（一）的概念模型（四）

三、研究方法

1. 问卷与变量测量

本书的调查问卷由研究简介、研究模型中概念的测量量表以及人口统计学特征（如年平均出游次数、性别、年龄、月收入水平、受教育程度、职业）三个部分构成。为保证得到的研究结论具有可靠性，研究中涉及的主要概念的测量均取自以往文献中使用过的成熟量表以及子研究一开发的量表。在设计问卷的过程中，针对选用的英文量表，遵照"回译法"程序，先将英文题项翻译为中文，并根据本书的情境对题项的表述与措辞进行调整；再将调整后的中文题项译回英文，并与源量表题项进行比对、修整与完善。考虑到研究中使用的部分量表是依托西方情境而开发的，本书通过组织小规模访谈、专家评议的方式对其进行了调整与改进，编制了适合我国情境的量表。

行为态度（Behavior Attitude）：如前文所述，行为态度是个体对某种行为的正面或负面评价（Ajzen，1991）。本书依据 Ajzen（1991）、Oh 和 Yoon（2014）等的研究中使用的量表，选取了 5 个题项测量旅游者对其在旅游过程中实施社会责任消费行为的整体态度（见表5-1）。问卷采用 Likert5 级评分法进行编制，被调查者需要根据自身真实情况对题项进行评价（1=完全不同意，5=完全同意）。

表5-1　行为态度测量量表

编号	题项
BA1	我认为旅游者进行社会责任消费是有益的
BA2	对我而言，旅游时进行社会责任消费令人开心
BA3	我认为旅游者进行社会责任消费是好事
BA4	我认为旅游者进行社会责任消费是有价值的
BA5	我认为旅游者进行社会责任消费是明智的

资料来源：Ajzen（1991）、Oh 和 Yoon（2014）等。

感知行为控制（Perceived Behavior Control）：是指一个人对其执行特定行为的能力的感知（Ajzen，1991）。本书依据 Ajzen（1991）、Teng 等（2015）、Goh 等（2017）在各自研究中所使用的量表，选取 5 个题项测量旅游者在旅游过程中实施社会责任消费行为的感知行为控制（见表5-2）。同上，问卷采用 Likert5 级评分法进行编制，受访者需对题项进行自评（1=完全不同意，5=完全同意）。

表5-2　感知行为控制测量量表

编号	题项
PBC1	我认为旅游者进行社会责任消费是很容易的事情
PBC2	旅游时只要我愿意，我可以很容易地进行社会责任消费
PBC3	我认为旅游时进行社会责任消费可以完全由我自己决定
PBC4	我拥有旅游时采取社会责任消费的时间
PBC5	我拥有旅游时采取社会责任消费的金钱

资料来源：Ajzen（1991）、Teng 等（2015）、Goh 等（2017）。

主观规范（Subjective Norm）：是指一个人对社会压力的感知（Ajzen，1991）。本书依据 Ajzen（1991）、Han（2015）、Chen 和 Peng（2012）等的研究中使用的量表，选取 3 个题项测量旅游者在旅游过程中采取社会责任消费行为所感知到的主观规范（见表5-3）。问卷同样采用 Likert5 级评分法进行编制，受访者需对题项进行自评（1=完全不同意，5=完全同意）。

表5-3 主观规范测量量表

编号	题项
SN1	那些对我重要的人都会认为我在旅游时应该进行社会责任消费
SN2	那些对我重要的人都会希望我在旅行时进行社会责任消费
SN3	那些对我有重要影响的人都会赞同我在旅行时进行社会责任消费

资料来源：Ajzen（1991）、Han（2015）、Chen 和 Peng（2012）等。

利他主义（Altruism）：是指不求回报地为他人的利益而行动（Schwartz，1977）。本书依据 Oda 等（2009）、Morgan 和 Miller（2002）、Rushton 等（1981）、Johnson 等（1989）在各自研究中所使用的量表，最终选取 6 个题项对利他主义进行测量（见表5-4）。同上，量表采用 Likert5 级评分法对题项进行自评（1＝从来没有，5＝很多次）。

表5-4 利他主义测量量表

编号	题项
AL1	我曾在乘车（火车或汽车）时帮陌生人放置行李
AL2	我曾帮助老年人拿较沉的行李
AL3	我曾教陌生人怎样使用自动贩卖机或自动售票机
AL4	我曾向慈善机构捐赠衣物
AL5	我曾为陌生人挡住电梯门以让他进来
AL6	我曾在乘车（公交车或火车）时为站着的人让座

资料来源：Oda 等（2009）、Morgan 和 Miller（2002）、Rushton 等（1981）、Johnson 等（1989）。

道德义务（Moral Obligation）：是指个体所感知到的面向特定对象执行或抑制特定行为的义务与责任（Steg and De Groot，2010）。依据 Schwartz（1977）对规范激活理论的阐释，道德义务即个体规范。本书基于 Zhang 等（2013）、Park 和 Ha（2014）、Han（2014）、Onwezen（2013）等在各自研究中所使用的量表，选取了 7 个题项对道德义务进行测量（见表5-5）。问卷同样采用 Likert5 级评分法进行编制，受访者需对题项进行自评（1＝完全不同意，5＝完全同意）。

旅游者社会责任消费意向（Tourists' socially Responsible Consumption Intention）：根据子研究一开发的测量量表，旅游者社会责任消费意向包含四个维度，分别是维护权益、适度消费、促进当地人增收和尊重当地文化禁忌。维护权益包含 5 个题项，适度消费包含 4 个题项，促进当地人增收包含 4 个题项，尊重当地文化禁忌包含 3 个题项（见表5-6）。问卷采用 Likert5 级评分法进行编制，受访者需对题项进行自评（1＝完全不可能，5＝极有可能）。

表 5-5　道德义务测量量表

编号	题项
MO1	我觉得我有道德义务在旅游时进行社会责任消费
MO2	我觉得我应该在旅游时进行社会责任消费
MO3	根据我的价值观，我有责任和义务在旅游时进行社会责任消费
MO4	我觉得我有责任在旅游时进行社会责任消费
MO5	旅游时不进行责任消费会让我感到愧疚
MO6	我觉得普通大众在旅游时进行社会责任消费是很重要的
MO7	旅游时不进行社会责任消费有违我的做人原则

资料来源：Zhang、Wang 和 Zhou（2013）、Park 和 Ha（2014）、Han（2014）、Onwezen（2013）。

表 5-6　旅游者社会责任消费意向测量量表

维度	编号	题项
维护权益	TSRCI1	发现旅游企业存在虚假宣传时，我会向主管部门投诉
	TSRCI2	如遇景区（点）随意涨价，我会向有关部门反映
	TSRCI3	如果遭遇"强制消费"，我会向监管部门投诉
	TSRCI4	如遇导游强行索要小费，我会向有关部门投诉
	TSRCI5	参团旅行时，如遇旅行社擅自减少旅游景点，我会向有关部门投诉
适度消费	TSRCI6	旅游购物时，我不会跟风消费，购买并不会用到的产品
	TSRCI7	旅游时，我不会冲动消费，购买不会用到的产品
	TSRCI8	旅游时，我不会住明显超出自己惯常消费水平的豪华酒店
	TSRCI9	旅游时，我不会为了炫耀而购买不会用到的产品
促进当地人增收	TSRCI10	我会购买当地的水果，以增加当地人的收入
	TSRCI11	我会购买当地的特色农产品，以增加当地人的收入
	TSRCI12	我会购买旅游地民间艺人制作的手工艺品，以增加他们的收入
	TSRCI13	我会照顾旅游地小型商店（如小卖部）的生意，以增加当地人的收入
尊重当地文化禁忌	TSRCI14	在民族地区旅游时，我会遵守民族禁忌
	TSRCI15	在宗教场所游览时，我会遵守宗教禁忌
	TSRCI16	我会遵守旅游地的饮食禁忌

2. 样本与数据收集

为保证样本数量充足，本研究在 2019 年 1~2 月通过付费给网络平台（百度云）进行数据收集，共收回问卷 1050 份，将回答随意（如绝大部分题项的被选分值均相同）与回答不完整的问卷剔除后，共得到有效问卷 905 份，有效率为 86.2%。表 5-7 显示了本轮问卷调查样本的人口统计学特征。

表 5-7　子研究二（一）样本人口统计学特征

调查项目	类别	频率	百分比（%）	调查项目	类别	频率	百分比（%）
年均出游次数	1 次及以下	184	20.3	性别	男	364	40.2
	2~3 次	569	62.9		女	541	59.8
	4 次及以上	152	16.8	年龄	24 岁及以下	234	25.9
受教育程度	初中及以下	12	1.3		25~44 岁	562	62.1
	高中	114	12.6		45~54 岁	99	10.9
	大专	203	22.4		55~64 岁	10	1.1
	本科	527	58.2	月均收入	3000 元及以下	128	14.1
	研究生	49	5.4		3001~5000 元	345	38.1
职业类型	企业员工	289	31.9		5001~7000 元	182	20.1
	公务员	79	8.7		7001~9000 元	71	7.8
	事业单位职工	282	31.2		9001 元及以上	65	7.2
	学生	158	17.5		没有收入	74	8.2
	其他	97	10.7		不便作答	40	4.4

从样本的人口统计学特征分布情况来看，年均出游次数为 2~3 次的居多，占到了样本总数的 62.9%；女性受访者多于男性，高出对方将近 20% 的比例；具有本科学历水平的被调查者人数居多，占到了样本总数的 58.2%；从年龄来看，25~44 岁的年轻人群占比较高，为 62.1%；职业类型分布方面，企业员工和事业单位职工占比相当，两者占比均略高于 30%，合计占比约 63%；月均收入方面，月收入在 3001~7000 元的占比较高，合计占比 58.2%。整体来看，调查样本基本覆盖了各类人群，具有一定的代表性。

四、数据分析结果

1. 数据的正态分布检验

在使用 SEM 中的最大似然法进行参数估计时，基本前提是数据符合正态分布（吴明隆，2010）。因此，本书首先对样本数据进行了正态性检验。一般认为，当所有测量题项的偏度绝对值小于 3 且峰度绝对值小于 8 时，可以判定数据基本符合正态分布（Kline，2005）。如表5-8所示，本书所有测量题项的偏度绝对值介于0.008~1.420，峰度绝对值介于0.023~1.833。由此可见，本书收集的数据均达到了上述临界值的要求，表明适合使用SEM中的最大似然法开展进一步的分析。

表5-8 子研究二（一）样本数据正态分布检验

题项	均值	标准差	偏度		峰度	
	统计量	统计量	统计量	标准误	统计量	标准误
TSRCI1	3.71	0.999	−0.433	0.081	−0.393	0.162
TSRCI2	3.59	1.030	−0.319	0.081	−0.484	0.162
TSRCI3	4.07	0.970	−0.868	0.081	0.216	0.162
TSRCI4	3.85	1.004	−0.783	0.081	0.345	0.162
TSRCI5	3.81	0.978	−0.581	0.081	−0.173	0.162
TSRCI6	3.89	0.699	0.161	0.081	−0.953	0.162
TSRCI7	3.91	0.728	0.132	0.081	−1.103	0.162
TSRCI8	3.87	0.689	0.178	0.081	−0.898	0.162
TSRCI9	4.01	0.728	−0.019	0.081	−1.110	0.162
TSRCI10	3.71	0.916	−0.638	0.081	0.412	0.162
TSRCI11	3.72	0.911	−0.725	0.081	0.543	0.162
TSRCI12	3.81	0.892	−1.106	0.081	1.833	0.162
TSRCI13	3.57	0.893	−0.486	0.081	0.271	0.162
TSRCI14	4.28	0.985	−1.420	0.081	1.486	0.162
TSRCI15	4.27	1.002	−1.389	0.081	1.373	0.162
TSRCI16	4.27	0.906	−1.363	0.081	1.756	0.162
AL1	3.09	1.103	−0.008	0.081	−0.517	0.162
AL2	3.10	1.025	0.025	0.081	−0.326	0.162
AL3	3.03	1.102	−0.052	0.081	−0.573	0.162
AL4	3.01	1.142	−0.035	0.081	−0.716	0.162
AL5	3.47	1.105	−0.380	0.081	−0.470	0.162
AL6	3.86	1.042	−0.614	0.081	−0.304	0.162
BA1	3.70	1.008	−0.908	0.081	0.565	0.162
BA2	3.58	1.001	−0.502	0.081	−0.203	0.162
BA3	3.70	0.967	−0.519	0.081	−0.070	0.162

续表

题项	均值	标准差	偏度		峰度	
	统计量	统计量	统计量	标准误	统计量	标准误
BA4	3.76	0.937	−0.625	0.081	0.085	0.162
BA5	3.55	1.008	−0.391	0.081	−0.259	0.162
SN1	3.30	1.046	−0.362	0.081	−0.367	0.162
SN2	3.30	0.998	−0.193	0.081	−0.384	0.162
SN3	3.43	1.023	−0.357	0.081	−0.335	0.162
PBC1	3.42	0.989	−0.465	0.081	−0.063	0.162
PBC2	3.57	0.952	−0.555	0.081	0.070	0.162
PBC3	3.76	1.009	−0.684	0.081	0.023	0.162
PBC4	3.56	0.993	−0.612	0.081	0.034	0.162
PBC5	3.43	1.051	−0.434	0.081	−0.231	0.162
MO1	3.42	1.098	−0.506	0.081	−0.531	0.162
MO2	3.41	0.997	−0.332	0.081	−0.395	0.162
MO3	3.48	1.035	−0.420	0.081	−0.378	0.162
MO4	3.42	1.075	−0.453	0.081	−0.387	0.162
MO5	2.93	1.165	0.085	0.081	−0.858	0.162
MO6	3.35	1.026	−0.347	0.081	−0.449	0.162
MO7	2.94	1.223	0.052	0.081	−1.009	0.162

注：N＝905。

2. 共同方法偏差检验

由于本书的统计推论使用的是由同一批被调查者填写的问卷信息，因此需要考虑共同方法偏差问题。为此，我们采用 Harman 单因素分析法对可能存在的风险进行评估（Podsakoff and Organ，1986）。将问卷的所有测量题项进行未旋转的探索性因子分析，结果显示，在未旋转状态下，数据析出的特征根大于 1 的因子有 8 个，其中第一个因子解释了总方差 26.387% 的变异，表明不存在单一因子解释 40% 以上方差的情况。据此，可判定共同方法偏差风险不会构成重大影响。

3. 测量模型信度检验

信度即可信度或可靠性，指的是测量结果的稳定性或一致性，也即测量工具能否稳定地测量到目标事项（李灿、辛玲，2008）。利用 SPSS 21.0 对收集到的数据进行可靠度分析，结果表明，42 个题项整体的 Cronbach's α 系数为 0.927，除适度消费维度的信度系数低于 0.7 以外，旅游者社会责任消费的其他三个维度及相关变量的 Cronbach's α 值均高于 0.7 这一标准（Nunnally and Bernstein，1994）（见表 5-9）。分析结果表明，调研数据的整体可信度较高，各题项间具有良好的内部一致性。

表 5-9　子研究二（一）各潜变量的信度系数

变量	Cronbach's α	项数
维护权益	0.822	5
适度消费	0.605	4
促进当地人增收	0.731	4
尊重当地文化禁忌	0.837	3
利他主义	0.768	6
· 态度	0.846	5
主观规范	0.779	3
感知行为控制	0.771	5
道德义务	0.861	7

4. 测量模型效度检验

遵循结构方程建模的基本步骤，本书首先使用 AMOS 22.0 软件对测量模型的收敛效度进行检验，采用的方法是验证性因子分析（CFA）。验证性因子分析的结果显示，本书选用的测量模型与样本数据拟合良好（见表 5-10）。

表 5-10　子研究二（一）量表的验证性因子分析模型整体配适度检验

拟合指标	CMIN/DF	RMR	RMSEA	GFI	AGFI	NFI	TLI	CFI
拟合标准	<3	<0.05	<0.08 （若<0.05，优良；若<0.08，良好）	>0.90	>0.90	>0.90	>0.90	>0.90
运算结果	2.365	0.041	0.069	0.902	0.901	0.903	0.907	0.908

根据 Hair 等（2009）的观点，当满足潜变量与观测变量之间的标准载荷大于 0.5 且潜变量平均方差抽取量 AVE 值大于 0.5 时，表明量表的收敛效度良好。从表 5-11 可以看出，模型中 42 个题项的标准化因子载荷介于 0.50~0.95，绝大部分达到了大于 0.5 的标准，并达到了显著性水平，同时 9 个潜变量的 AVE 值也基本达到了大于 0.5 的阈值要求，表明模型具有良好的收敛效度。

表5-11 子研究二（一）的量表验证性因子分析结果

潜变量	题项	标准化因子载荷	信度系数（R^2）	测量误差	组合信度（C.R）	平均方差抽取量（AVE）
利他主义	AL1	0.88	0.78	0.22	0.86	0.56
	AL2	0.65	0.42	0.58		
	AL3	0.68	0.47	0.53		
	AL4	0.63	0.40	0.60		
	AL5	0.87	0.76	0.24		
	AL6	0.62	0.39	0.61		
态度	BA1	0.68	0.47	0.53	0.83	0.51
	BA2	0.95	0.90	0.10		
	BA3	0.64	0.41	0.59		
	BA4	0.62	0.38	0.62		
	BA5	0.63	0.39	0.61		
主观规范	SN1	0.74	0.55	0.45	0.81	0.51
	SN2	0.76	0.58	0.42		
	SN3	0.71	0.51	0.49		
感知行为控制	PBC1	0.55	0.30	0.70	0.77	0.50
	PBC2	0.65	0.42	0.58		
	PBC3	0.89	0.78	0.22		
	PBC4	0.56	0.31	0.69		
	PBC5	0.51	0.26	0.74		
道德义务	MO1	0.63	0.40	0.60	0.91	0.67
	MO2	0.93	0.86	0.14		
	MO3	0.64	0.41	0.59		
	MO4	0.87	0.76	0.24		
	MO5	0.95	0.90	0.10		
	MO6	0.83	0.69	0.31		
	MO7	0.64	0.41	0.59		
维护权益	TSRCI1	0.62	0.39	0.61	0.78	0.51
	TSRCI2	0.50	0.25	0.75		
	TSRCI3	0.52	0.27	0.73		
	TSRCI4	0.95	0.90	0.10		
	TSRCI5	0.61	0.37	0.63		

续表

潜变量	题项	标准化因子载荷	信度系数（R^2）	测量误差	组合信度（C.R）	平均方差抽取量（AVE）
适度消费	TSRCI6	0.71	0.50	0.50	0.76	0.50
	TSRCI7	0.71	0.50	0.50		
	TSRCI8	0.65	0.42	0.58		
	TSRCI9	0.51	0.26	0.74		
促进当地人增收	TSRCI10	0.63	0.40	0.60	0.75	0.50
	TSRCI11	0.60	0.36	0.64		
	TSRCI12	0.55	0.30	0.70		
	TSRCI13	0.85	0.72	0.28		
尊重当地文化禁忌	TSRCI14	0.83	0.69	0.31	0.87	0.58
	TSRCI15	0.82	0.67	0.33		
	TSRCI16	0.74	0.54	0.46		

　　本部分采用与子研究一相同的判定区分效度的方法，即考察潜变量 AVE 值的算术平方根是否大于该潜变量与其他变量的相关系数，如果前者确实大于后者，则判定量表具有良好的区分效度（Fornell and Larcker，1981）。数据分析结果表明，模型中绝大部分潜变量 AVE 值的算术平方根大于潜变量之间的相关系数，表明该模型的潜在结构有良好的区分效度（见表5-12）。

表5-12　子研究二（一）各潜变量 AVE 值的算术平方根与相关系数

潜变量	利他主义	态度	主观规范	感知行为控制	道德义务	尊重当地文化禁忌	适度消费	维护权益	促进当地人增收
利他主义	0.748								
态度	0.374*	0.714							
主观规范	0.424*	0.728	0.714						
感知行为控制	0.387*	0.510*	0.539*	0.707					
道德义务	0.316*	0.539*	0.735	0.316*	0.819				
尊重当地文化禁忌	0.331*	0.529*	0.316*	0.469*	0.141*	0.762			
适度消费	0.387*	0.566*	0.539*	0.480*	0.374*	0.608*	0.707		
维护权益	0*	0.1*	0*	0*	0*	0.1*	0.1*	0.714	
促进当地人增收	0.265*	0.387*	0.245*	0.4*	0.173*	0.574*	0.1*	0.4*	0.707

　　注：对角线为 AVE 值的算术平方根；* 表示该相关系数小于 AVE 值的算术平方根。

5. 研究假设的检验结果

在证实数据具有良好的信度和效度的基础上，本书使用 AMOS 22.0 对整体模型与数据的适配情况以及研究假设进行检验。由于因变量有四个维度，本书提出了四个概念模型，分别对这四个模型进行 SEM 参数估计，检验对应的研究假设是否得到支持。

（1）以维护权益意向维度为因变量的结构模型。结构模型分析结果如图 5-5 所示。从模型的拟合状况来看（见表 5-13），除 GFI 与 AGFI 两项指标略低于 0.9 这一一般适配值外，其他各项指标均达到了适配要求，表明模型拟合状况良好，模型与量表数据的匹配情况较为理想。

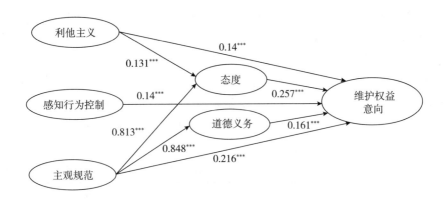

图 5-5 子研究二（一）"维护权益意向"为因变量的结构模型输出结果

注：N=905；＊＊＊表示 P<0.001。

表 5-13 子研究二（一）"维护权益意向"为因变量的结构模型与量表数据匹配情况

拟合指标	CMIN/DF	RMR	RMSEA	GFI	AGFI	NFI	TLI	CFI
拟合标准	<3	<0.05	<0.08 （若<0.05，优良；若<0.08，良好）	>0.90	>0.90	>0.90	>0.90	>0.90
运算结果	2.321	0.042	0.068	0.899	0.892	0.901	0.903	0.907

表 5-14 呈现了与直接效应有关的研究假设的验证数据，从中可以看出，计划行为理论的三个核心变量——态度、主观规范与感知行为控制均显著正向影响旅游者维护权益意向，表明假设 H1a、H2a、H3a 得到支持；利他主义与道德义务显著正向影响旅游者维护权益意向，表明假设 H5a、H7a 得到支持。

表 5-14　子研究二（一）"维护权益意向"为因变量的结构模型的直接效应验证结果

路径	Estimate	S. E.	C. R.	P	假设检验结果
维护权益意向<---态度	0.257	0.031	9.856	***	H1a 成立
维护权益意向<---道德义务	0.161	0.009	5.693	***	H7a 成立
维护权益意向<---利他主义	0.14	0.010	5.213	***	H5a 成立
维护权益意向<---主观规范	0.216	0.029	9.015	***	H2a 成立
维护权益意向<---感知行为控制	0.140	0.011	4.992	***	H3a 成立

注：*** 表示 P<0.001。

在验证直接效应的基础上，使用 AMOS 22.0 软件的 bootstrsp 检验对变量间的中介效应进行进一步考察，运算结果如表 5-15 所示。由表 5-15 可以看出：态度部分中介利他主义对维护权益意向的影响，其中直接效应为 0.14（P<0.05），间接效应为 0.034（P<0.05），总效应为 0.174，表明假设 H6a 得到支持；态度和道德义务部分中介主观规范对维护权益意向的影响，其中直接效应为 0.22（P<0.01），对应的间接效应分别为 0.211（P<0.01）和 0.136（P<0.05），总中介效应为 0.347，总效应为 0.567，表明假设 H4a、H8a 得到支持。

表 5-15　子研究二（一）"维护权益意向"为因变量的结构模型的中介效应验证结果

路径	直接效应	中介效应
利他主义→态度→维护权益意向	0.14*	0.034*
主观规范→态度→维护权益意向	0.22**	0.211**
主观规范→道德义务→维护权益意向		0.136*

注：* 表示 P<0.05；** 表示 P<0.01。

（2）以适度消费意向为因变量的结构模型。结构模型分析结果如图 5-6 所示。从模型的拟合状况来看（见表 5-16），除 GFI 与 AGFI 两项指标略低于 0.9 这一一般适配值外，其他各项指标均达到了适配要求，表明模型拟合状况良好，模型与量表数据的匹配情况较为理想。

表 5-17 呈现了与直接效应有关的研究假设的验证数据，可以看出，计划行为理论的三个核心变量——态度、主观规范与感知行为控制均显著正向影响旅游者适度消费意向，表明假设 H1b、H2b、H3b 得到支持；利他主义与道德义务显著正向影响旅游者适度消费意向，表明假设 H5b、H7b 得到支持。

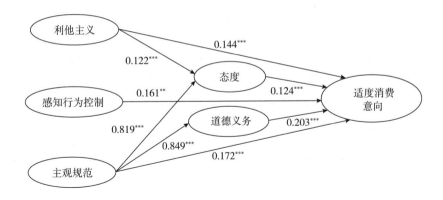

图5-6　子研究二（一）"适度消费意向"为因变量的结构模型输出结果

注：N=905；＊＊表示 P<0.01，＊＊＊表示 P<0.001。

表5-16　子研究二（一）"适度消费意向"为因变量的结构模型与量表数据匹配情况

拟合指标	CMIN/DF	RMR	RMSEA	GFI	AGFI	NFI	TLI	CFI
拟合标准	<3	<0.05	<0.08 （若<0.05，优良；若<0.08，良好）	>0.90	>0.90	>0.90	>0.90	>0.90
运算结果	2.269	0.039	0.071	0.869	0.852	0.900	0.901	0.902

表5-17　子研究二（一）"适度消费意向"为因变量的结构模型的直接效应验证结果

路径	Estimate	S.E.	C.R.	P	假设检验结果
适度消费意向<---态度	0.124	0.012	6.232	＊＊＊	H1b 成立
适度消费意向<---道德义务	0.203	0.009	3.693	＊＊＊	H7b 成立
适度消费意向<---利他主义	0.144	0.092	4.523	＊＊＊	H5b 成立
适度消费意向<---主观规范	0.172	0.102	4.923	＊＊＊	H2b 成立
适度消费意向<---感知行为控制	0.161	0.110	3..12	＊＊＊	H3b 成立

注：＊＊＊表示 P<0.001。

在验证直接效应的基础上，使用 AMOS 22.0 软件的 bootstrsp 检验对变量间的中介效应进行进一步考察，运算结果如表5-18所示。由表5-18可以看出，态度部分中介利他主义对适度消费意向的影响，其中直接效应为 0.14（P<0.05），间接效应为 0.014（P<0.05），总效应为 0.154，表明假设 H6b 得到支持；态度和道德义务部分中介主观规范对适度消费意向的影响，其中直接效应为 0.17（P<0.05），对应的间接效应分别为 0.098（P<0.05）和 0.170（P<0.01），总中

介效应为 0.268，总效应为 0.438，表明假设 H4b、H8b 得到支持。

表 5-18　子研究二（一）"适度消费意向"为因变量的结构模型的中介效应验证结果

路径	直接效应	中介效应
利他主义→态度→适度消费意向	0.14*	0.014*
主观规范→态度→适度消费意向	0.17*	0.098*
主观规范→道德义务→适度消费意向		0.170**

注：∗ 表示 P<0.05；∗∗ 表示 P<0.01。

（3）以促进当地人增收意向为因变量的结构模型。图 5-7 显示了结构模型分析结果。从模型的拟合状况来看（见表 5-19），除 AGFI 一项指标略低于 0.9 这一一般适配值外，其他各项指标均达到了适配要求，表明模型拟合状况良好，模型与量表数据的匹配情况理想。

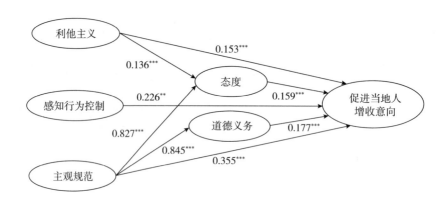

图 5-7　子研究二（一）"促进当地人增收意向"为因变量的结构模型输出结果

注：N=905；∗∗ 表示 P<0.01，∗∗∗ 表示 P<0.001。

表 5-19　子研究二（一）"促进当地人增收意向"为因变量的结构模型与量表数据匹配情况

拟合指标	CMIN/DF	RMR	RMSEA	GFI	AGFI	NFI	TLI	CFI
拟合标准	<3	<0.05	<0.08（若<0.05，优良；若<0.08，良好）	>0.90	>0.90	>0.90	>0.90	>0.90
运算结果	3.021	0.045	0.0762	0.900	0.892	0.901	0.901	0.905

由表 5-20 可以看出，计划行为理论的三个核心变量——态度、主观规范与

感知行为控制均显著正向影响旅游者促进当地人增收意向，表明假设 H1c、H2c、H3c 得到支持；利他主义与道德义务显著正向影响旅游者促进当地人增收意向，表明假设 H5c、H7c 得到支持。

表 5-20　子研究二（一）"促进当地人增收意向"为因变量的结构模型的直接效应验证结果

路径	Estimate	S. E.	C. R.	P	假设检验结果
促进当地人增收意向<---态度	0.159	0.012	5.127	***	H1c 成立
促进当地人增收意向<---道德义务	0.177	0.026	5.936	***	H7c 成立
促进当地人增收意向<---利他主义	0.153	0.063	4.417	***	H5c 成立
促进当地人增收意向<---主观规范	0.355	0.102	9.632	***	H2c 成立
促进当地人增收意向<---感知行为控制	0.226	0.069	6.341	***	H3c 成立

注：*** 表示 $P < 0.001$。

同上，使用 AMOS 22.0 软件的 bootstrsp 检验对变量间的间接效应进行考察，运算结果如表 5-21 所示。由表 5-21 可以看出，态度部分中介利他主义对旅游者促进当地人增收意向的影响，其中直接效应为 0.15（$P < 0.05$），间接效应为 0.022（$P < 0.05$），总效应为 0.172，表明假设 H6c 得到支持；态度和道德义务部分中介主观规范对旅游者促进当地人增收意向的影响，其中直接效应为 0.36（$P < 0.001$），对应的间接效应分别为 0.133（$P < 0.01$）和 0.151（$P < 0.01$），总中介效应为 0.284，总效应为 0.644，表明假设 H4c、H8c 得到支持。

表 5-21　子研究二（一）"促进当地人增收意向"为因变量的结构模型的中介效应验证结果

路径	直接效应	中介效应
利他主义→态度→促进当地人增收意向	0.15*	0.022*
主观规范→态度→促进当地人增收意向	0.36***	0.133**
主观规范→道德义务→促进当地人增收意向		0.151**

注：* 表示 $P < 0.05$，** 表示 $P < 0.01$，*** 表示 $P < 0.001$。

（4）以尊重当地文化禁忌意向为因变量的结构模型。结构模型分析结果如图 5-8 所示。从模型的拟合状况来看（见表 5-22），各项指标均达到了适配要求，表明模型拟合状况良好，模型与量表数据的匹配情况理想。

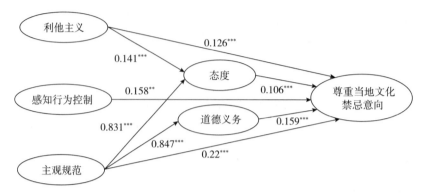

图 5-8　子研究二（一）"尊重当地文化禁忌意向"为因变量的结构模型输出结果

注：N=905；∗∗ 表示 P<0.01，∗∗∗ 表示 P<0.001。

表 5-22　子研究二（一）"尊重当地文化禁忌意向"为因变量的结构模型与量表数据匹配情况

拟合指标	CMIN/DF	RMR	RMSEA	GFI	AGFI	NFI	TLI	CFI
拟合标准	<3	<0.05	<0.08 （若<0.05，优良；若<0.08，良好）	>0.90	>0.90	>0.90	>0.90	>0.90
运算结果	2.912	0.044	0.046	0.901	0.900	0.902	0.902	0.904

同上，我们首先对模型中与直接效应有关的研究假设进行验证，由表 5-23 可以看出，计划行为理论的三个核心变量——态度、主观规范与感知行为控制均显著正向影响旅游者尊重当地文化禁忌意向，表明假设 H1d、H2d、H3d 得到支持；利他主义与道德义务显著正向影响旅游者尊重当地文化禁忌意向，表明假设 H5d、H7d 得到支持。

表 5-23　子研究二（一）"尊重当地文化禁忌意向"为因变量的结构模型的直接效应验证结果

路径	Estimate	S. E.	C. R.	P	假设检验结果
尊重当地文化禁忌意向<---态度	0.106	0.03	3.923	∗∗∗	H1d 成立
尊重当地文化禁忌意向<---道德义务	0.159	0.059	4.5962	∗∗∗	H7d 成立
尊重当地文化禁忌意向<---利他主义	0.126	0.062	4.251	∗∗∗	H5d 成立
尊重当地文化禁忌意向<---主观规范	0.22	0.031	6.381	∗∗∗	H2d 成立
尊重当地文化禁忌意向<---感知行为控制	0.158	0.051	5.263	∗∗∗	H3d 成立

注：∗∗∗ 表示 P<0.001。

在验证直接效应的基础上，我们进一步对变量间的间接效应进行考察，同样使用 AMOS 22.0 软件的 bootstrsp 检验，运算结果如表 5-24 所示。由表 5-24 可以看出，态度部分中介利他主义对旅游者尊重当地文化禁忌意向的影响，其中直接效应为 0.13（P<0.05），间接效应为 0.015（P<0.05），总效应为 0.145，表明假设 H6d 得到支持；态度和道德义务部分中介主观规范对尊重当地文化禁忌意向的影响，其中直接效应为 0.22（P<0.001），对应的间接效应分别为 0.091（P<0.05）和 0.136（P<0.01），总中介效应为 0.227，总效应为 0.447，表明假设 H4d、H8d 得到支持。

表5-24　子研究二（一）"尊重当地文化禁忌意向"为因变量的结构模型的中介效应验证结果

路径	直接效应	中介效应
利他主义→态度→尊重当地文化禁忌意向	0.13*	0.015*
主观规范→态度→尊重当地文化禁忌意向	0.22***	0.091*
主观规范→道德义务→尊重当地文化禁忌意向		0.136**

注：＊表示 P<0.05，＊＊表示 P<0.01，＊＊＊表示 P<0.001。

综上可知，模型与数据匹配情况良好，全部假设得到了支持。

6. 差异分析

第二章的文献综述发现，不少研究证实了消费者的性别、年龄、教育背景等人口统计学特征会影响他们的社会责任消费行为（意向）。尽管结论并不一致，且存在部分相互冲突的研究结论，但人口统计学特征对社会责任消费行为（意向）的影响一直备受关注。基于此，本书将通过独立样本 t 检验和单因素方差分析检验人口统计学特征对旅游者社会责任消费意向的影响，考量不同的人口统计学特征对旅游者社会责任消费意向的影响是否存在显著差异。在具体的数据分析过程中，先计算出四个因变量（维护权益意向、适度消费意向、促进当地人增收意向、尊重当地文化禁忌意向）的均值，并将其保存为单个指标，然后依次检验不同性别、不同年均出游次数、不同月均收入、不同年龄、不同受教育程度以及不同职业类型的人群在四个因变量上的差异表现。

（1）性别对旅游者社会责任消费意向的影响。在满足方差齐性的条件下（P>0.05），通过独立样本 t 检验发现，不同性别的人群只在尊重当地文化禁忌意向方面存在显著差异，且女性的意向显著高于男性（见表5-25、表5-26）。尽管不是在所有维度上均存在显著差异，但女性在尊重当地文化禁忌意向方面强于男性这一结果在一定程度上与社会责任消费的相关研究表现出了一致性，如 Roberts（1993）专门研究了社会责任消费者行为的性别差异，发现女性作为消费者在行为和决策上更关心他人和社会。

表 5-25 性别对旅游者社会责任消费意向的影响

因变量	方差方程的 Levene 检验		均值方程的 t 检验		
	F	Sig.	t	df	Sig.（双侧）
促进当地人增收	0.866	0.352	−1.658	903	0.098
适度消费	0.150	0.699	0.255	903	0.799
维护权益	0.260	0.610	0.842	903	0.400
尊重当地文化禁忌	2.815	0.094	−3.675	903	0.000

表 5-26 不同性别在各因变量上的均值

因变量	男		女		t	P
	均值	标准差	均值	标准差		
促进当地人增收	3.66	0.67	3.73	0.67	−1.658	0.098
适度消费	3.93	0.49	3.92	0.48	0.255	0.799
维护权益	3.83	0.75	3.79	0.77	0.842	0.4
尊重当地文化禁忌	4.15	0.85	4.35	0.82	−3.675	0

（2）年均出游次数对旅游者社会责任消费意向的影响。在满足方差齐性的条件下，以年均出游次数为因子进行单因素方差分析（见表 5-27、表 5-28），表 5-29 和表 5-30 的多重比较 LSD 分析结果表明，年均出游次数不同的人群在促进当地人增收意向方面存在显著差异，年均出游次数较多的人群促进当地人增收的意向显著强于年均出游次数低的人群，表明随着出游次数的增加，人们促进当地人增收的意向也会增强。在方差不齐的情况下，从表 5-30 的多重比较 Tamhane 分析结果可以看出，年均出游次数不同的人群在尊重当地文化禁忌意向方面存在显著差异，年均出游次数为 2~3 次或 4 次及以上的人群尊重当地文化禁忌的意向显著强于年均出游次数为 1 次及以下的人群。从以上分析结果可以看出，年均出游次数的增加会提高人们面向旅游目的地的社会责任消费意向。

表 5-27 年均出游次数对旅游者社会责任消费意向影响分析的方差齐性检验

因变量	Levene 统计量	df1	df2	显著性
促进当地人增收	2.976	2	902	0.051
适度消费	0.118	2	902	0.889
维护权益	2.875	2	902	0.057
尊重当地文化禁忌	7.249	2	902	0.001

表 5-28 年均出游次数对旅游者社会责任消费意向的影响

因变量		变差平方和	自由度 df	均方	F	显著性
促进当地人增收	组间	6.526	2	3.263	7.340	0.001
	组内	400.978	902	0.445		
	总数	407.504	904			
适度消费	组间	0.178	2	0.089	0.384	0.681
	组内	209.116	902	0.232		
	总数	209.294	904			
维护权益	组间	2.974	2	1.487	2.572	0.077
	组内	521.479	902	0.578		
	总数	524.453	904			
尊重当地文化禁忌	组间	7.713	2	3.856	5.540	0.004
	组内	627.835	902	0.696		
	总数	635.548	904			

表 5-29 不同年均出游次数在旅游者社会责任消费意向上的均值

因变量	1 次及以下		2~3 次		4 次及以上		F	P
	均值	标准差	均值	标准差	均值	标准差		
促进当地人增收	3.57	0.76	3.71	0.64	3.85	0.65	7.340	0.001
维护权益	3.73	0.85	3.80	0.73	3.92	0.76	2.572	0.077
适度消费	3.90	0.49	3.92	0.48	3.95	0.47	0.384	0.681
尊重当地文化禁忌	4.09	0.96	4.31	0.80	4.32	0.78	5.540	0.004

表 5-30 年均出游次数对旅游者社会责任消费意向影响的多重比较

因变量				均值差（I-J）	标准误	显著性
促进当地人增收	LSD	2~3 次	1 次及以下	0.14033*	0.05654	0.013
		4 次及以上	1 次及以下	0.27910*	0.07308	0.000
			2~3 次	0.13878*	0.06088	0.023
尊重当地文化禁忌	Tamhane	2~3 次	1 次及以下	0.22763*	0.07858	0.012
		4 次及以上	1 次及以下	0.23541*	0.09499	0.041

注：*表示均值差的显著性水平为 0.05。

（3）月均收入对旅游者社会责任消费的影响。方差齐性检验与单因素方差分析结果表明，不同月均收入水平的人群在适度消费意向、维护权益意向以及促进当地人增收意向方面均不存在显著差异（见表5-31、表5-32）。在方差不齐的情况下，从表5-33和表5-34的分析结果可以看出，在尊重当地文化禁忌意向方面，月均收入在5001~7000元的人群显著强于月均收入在3001~5000元的人群；没有收入的人群显著强于月均收入在3000元及以下和3001~5000元的人群。从这一结果可以看出，月均收入在3001~5000元的人群尊重目的地文化禁忌的意向显著较弱，其中原因有待探究。

表5-31　月均收入对旅游者社会责任消费意向影响分析的方差齐性检验

因变量	Levene 统计量	df1	df2	显著性
促进当地人增收	3.106	6	898	0.005
适度消费	0.583	6	898	0.744
维护权益	1.255	6	898	0.276
尊重当地文化禁忌	4.588	6	898	0.000

表5-32　月均收入对旅游者社会责任消费意向的影响

因变量		变差平方和	自由度 df	均方	F	显著性
促进当地人增收	组间	5.092	6	0.849	1.894	0.079
	组内	402.412	898	0.448		
	总数	407.504	904			
适度消费	组间	1.037	6	0.173	0.745	0.613
	组内	208.257	898	0.232		
	总数	209.294	904			
维护权益	组间	2.115	6	0.352	0.606	0.726
	组内	522.338	898	0.582		
	总数	524.453	904			
尊重当地文化禁忌	组间	17.500	6	2.917	4.238	0.000
	组内	618.047	898	0.688		
	总数	635.548	904			

表 5-33　不同月均收入水平在旅游者社会责任消费意向上的均值

因变量	3000 元及以下		3001~5000 元		5001~7000 元		7001~9000 元		9001 元及以上		没有收入		不便作答		F	P
	均值	标准差	均值	标准差	均值	标准差	均值	标准差	均值	标准差	均值	标准差	均值	标准差		
促进当地人增收	3.58	0.67	3.66	0.74	3.79	0.66	3.78	0.58	3.77	0.60	3.76	0.48	3.68	0.64	1.894	0.079
维护权益	3.75	0.85	3.78	0.79	3.85	0.71	3.77	0.71	3.85	0.79	3.89	0.68	3.93	0.65	0.606	0.726
适度消费	3.96	0.51	3.94	0.49	3.88	0.46	3.92	0.44	3.88	0.49	3.93	0.46	3.83	0.50	0.745	0.613
尊重当地文化禁忌	4.2	0.99	4.15	0.88	4.39	0.76	4.26	0.82	4.29	0.80	4.6	0.51	4.43	0.67	4.238	0

表 5-34　月均收入对旅游者社会责任消费意向影响的多重比较

	因变量			均值差 (I-J)	标准误	显著性
Tamhane	尊重当地文化禁忌	5001~7000 元	3001~5000 元	0.24055*	0.07362	0.024
		没有收入	3000 元及以下	0.40379*	0.10537	0.004
			3001~5000 元	0.45321*	0.07565	0.000

注：* 表示均值差的显著性水平为 0.05。

（4）年龄对旅游者社会责任消费意向的影响。方差齐性检验与单因素方差分析结果表明，不同年龄的人群在促进当地人增收意向、适度消费意向和维护权益意向方面均不存在显著差异（见表5-35、表5-36）。在方差不齐的情况下，从表5-37和表5-38的分析结果可以看出，在尊重当地文化禁忌意向方面，24岁及以下人群显著强于25~54岁的人群。这一结果与Singh（2009）针对印度消费者的研究发现较为一致，该研究发现年龄与社会责任消费显著负相关。这一情况也可能与当前年轻群体比较多地接触关于非物质文化遗产保护的宣传和教育有一定关系。

表5-35　年龄对旅游者社会责任消费意向影响的方差齐性检验

因变量	Levene 统计量	df1	df2	显著性
促进当地人增收	0.816	3	901	0.485
适度消费	0.433	3	901	0.730
维护权益	0.742	3	901	0.527
尊重当地文化禁忌	5.474	3	901	0.001

表5-36　年龄对旅游者社会责任消费意向的影响

因变量		变差平方和	自由度 df	均方	F	显著性
促进当地人增收	组间	0.679	3	0.226	0.501	0.682
	组内	406.826	901	0.452		
	总数	407.504	904			
适度消费	组间	0.181	3	0.060	0.261	0.854
	组内	209.113	901	0.232		
	总数	209.294	904			
维护权益	组间	1.069	3	0.356	0.614	0.606
	组内	523.383	901	0.581		
	总数	524.453	904			
尊重当地文化禁忌	组间	19.773	3	6.591	9.644	0.000
	组内	615.775	901	0.683		
	总数	635.548	904			

表5-37 不同年龄在旅游者社会责任消费意向上的均值

因变量	24 岁及以下		25~44 岁		45~54 岁		55~64 岁		F	P
	均值	标准差	均值	标准差	均值	标准差	均值	标准差		
促进当地增收	3.68	0.62	3.71	0.68	3.72	0.74	3.48	0.86	0.501	0.682
维护权益	3.86	0.77	3.80	0.74	3.76	0.83	3.68	1.01	0.614	0.606
适度消费	3.93	0.48	3.92	0.48	3.89	0.50	3.85	0.52	0.261	0.854
尊重当地文化禁忌	4.51	0.74	4.20	0.84	4.09	0.87	4.03	1.18	9.644	0

表5-38 年龄对旅游者社会责任消费意向影响的多重比较

因变量				均值差（I-J）	标准误	显著性
尊重当地文化禁忌	Tamhane	24 岁及以下	25~44 岁	0.30677 *	0.06028	0.000
			45~54 岁	0.42049 *	0.09994	0.000

注：* 表示均值差的显著性水平为 0.05。

（5）受教育程度对旅游者社会责任消费意向的影响。方差齐性检验与单因素方差分析结果表明，不同的受教育程度在促进当地人增收意向、适度消费意向和维护权益意向方面均不存在显著差异，但在尊重当地文化禁忌方面存在显著差异（见表5-39、表5-40）。从表5-41 和表5-42 多重比较 LSD 分析结果来看，在尊重当地文化禁忌意向方面，大专水平的人群显著强于高中、初中及以下学历水平的人群；本科、研究生学历水平的人群均显著强于高中水平的人群；大专、本科及研究生学历水平的人群之间不存在显著差异。从数据分析结果能够基本看出，随着受教育程度的提升，人们尊重目的地文化禁忌的意向也在提高。这一结果与陈启杰和武文珍（2012）的研究结论相近，即社会责任消费者在人口统计学特征上有一些共性，其中就包括高教育水平。

表5-39 受教育程度对旅游者社会责任消费意向影响的方差齐性检验

因变量	Levene 统计量	df1	df2	显著性
促进当地人增收	2.076	4	900	0.082
适度消费	0.969	4	900	0.424
维护权益	2.684	4	900	0.030
尊重当地文化禁忌	0.995	4	900	0.409

表 5-40 受教育程度对旅游者社会责任消费意向的影响

因变量		变差平方和	自由度 df	均方	F	显著性
促进当地人增收	组间	4.194	4	1.049	2.340	0.054
	组内	403.310	900	0.448		
	总数	407.504	904			
适度消费	组间	1.181	4	0.295	1.277	0.277
	组内	208.113	900	0.231		
	总数	209.294	904			
维护权益	组间	1.600	4	0.400	0.688	0.600
	组内	522.853	900	0.581		
	总数	524.453	904			
尊重当地文化禁忌	组间	8.839	4	2.210	3.173	0.013
	组内	626.709	900	0.696		
	总数	635.548	904			

表 5-41 不同受教育程度在旅游者社会责任消费意向上的均值

因变量	初中及以下		高中		大专		本科		研究生		F	P
	均值	标准差	均值	标准差	均值	标准差	均值	标准差	均值	标准差		
促进当地增收	3.46	1.09	3.56	0.74	3.75	0.61	3.73	0.66	3.61	0.65	2.340	0.054
维护权益	3.75	1.09	3.75	0.86	3.88	0.71	3.80	0.77	3.78	0.56	0.688	0.600
适度消费	4.17	0.50	3.96	0.46	3.93	0.47	3.90	0.49	3.88	0.42	1.277	0.277
尊重当地文化禁忌	3.86	1.16	4.08	0.92	4.37	0.76	4.27	0.84	4.37	0.70	3.173	0.013

表 5-42 受教育程度对旅游者社会责任消费意向影响的多重比较

因变量			均值差（I-J）	标准误	显著性
尊重当地文化禁忌	大专	初中及以下	0.50835*	0.24791	0.041
		高中	0.29343*	0.09767	0.003
	本科	高中	0.19659*	0.08620	0.023
	研究生	高中	0.29813*	0.14255	0.037

注：*表示均值差的显著性水平为 0.05。

（6）职业类型对旅游者社会责任消费意向的影响。从方差齐性检验、单因素方差分析以及多重比较来看，不同职业人群只在尊重当地文化禁忌意向方面存在显著差异：事业单位职工显著弱于其他职业类型；企业员工和学生均显著强于公务员和事业单位职工（见表5-43至表5-46）。从本书调查数据的分析结果来看，具有公职背景的人群在尊重当地文化禁忌意向上显著较弱，这一结果似乎不太合理，但从表5-45的均值水平来看，公务员和事业单位职工的均值分别为4.04和4.06，与问卷中"可能"的程度相对应，表明绝对意向水平并不低。

表5-43　职业类型对旅游者社会责任消费意向影响的方差齐性检验

因变量	Levene 统计量	df1	df2	显著性
促进当地人增收	3.248	4	900	0.012
适度消费	0.411	4	900	0.801
维护权益	2.461	4	900	0.044
尊重当地文化禁忌	8.593	4	900	0.000

表5-44　职业类型对旅游者社会责任消费意向的影响

因变量		变差平方和	自由度 df	均方	F	显著性
促进当地人增收	组间	2.638	4	0.659	1.466	0.211
	组内	404.867	900	0.450		
	总数	407.504	904			
适度消费	组间	0.558	4	0.139	0.601	0.662
	组内	208.737	900	0.232		
	总数	209.294	904			
维护权益	组间	5.807	4	1.452	2.519	0.040
	组内	518.646	900	0.576		
	总数	524.453	904			
尊重当地文化禁忌	组间	31.548	4	7.887	11.752	0.000
	组内	604.000	900	0.671		
	总数	635.548	904			

表5-45　不同职业类型在旅游者社会责任消费意向上的均值

因变量	企业员工		公务员		事业单位职工		学生		其他		F	P
	均值	标准差	均值	标准差	均值	标准差	均值	标准差	均值	标准差		
促进当地增收	3.77	0.64	3.63	0.7	3.65	0.75	3.68	0.57	3.74	0.63	1.466	0.211
维护权益	3.86	0.71	3.82	0.75	3.70	0.83	3.91	0.77	3.82	0.67	2.519	0.040
适度消费	3.90	0.47	3.88	0.49	3.95	0.49	3.92	0.47	3.90	0.49	0.601	0.662
尊重当地文化禁忌	4.37	0.73	4.04	0.94	4.06	0.93	4.53	0.73	4.35	0.77	11.752	0

表 5-46 职业类型对旅游者社会责任消费意向影响的多重比较

因变量				均值差（I-J）	标准误	显著性
尊重当地文化禁忌	Tamhane	企业员工	公务员	0.33573*	0.11381	0.038
			事业单位职工	0.31815*	0.06993	0.000
		学生	公务员	0.49156*	0.12047	0.001
			事业单位职工	0.47398*	0.08031	0.000
		其他	事业单位职工	0.29152*	0.09529	0.025

注：＊表示均值差的显著性水平为 0.05。

五、结论与讨论

本书以计划行为理论为基本框架，融合社会偏好理论与规范激活理论，并根据旅游者社会责任消费意向的四个不同维度，构建了四个影响机制模型。通过数据收集、样本分析、信度与效度检验以及 SEM 参数估计与假设检验，本书提出的理论模型和研究假设均得到了实证数据的支持。本书的主要结论包括以下三个方面：

第一，计划行为理论的三个核心变量——态度、主观规范和感知行为控制均显著正向影响旅游者社会责任消费意向的四个维度，相关的研究假设均得到了数据的支持，表明人们对旅游者社会责任消费行为抱持的态度越是积极、正面，人们在旅游消费过程中进行社会责任消费的意向越强；家人、朋友等重要影响群体越是赞成、期望人们在旅游中进行社会责任消费，人们在旅游消费过程中的社会责任消费意向越强；人们越是感觉自身有能力、有条件在旅游消费过程中执行社会责任消费行为，其旅游者社会责任消费意向越强。数据分析结果证实，计划行为理论适用且能够有效预测旅游者社会责任消费意向，这一结果与 Han 和 Stoel（2017）的研究结果一致，该研究通过元分析证实了计划行为理论对社会责任消费意向的预测力。

第二，依据社会偏好理论与规范激活理论，将利他主义和道德义务两个变量引入计划行为理论，进而构建并检验模型，研究结果表明，模型与数据拟合度良好，模型成立，研究假设全部得到了数据支持。这进一步说明，利他主义越强，旅游者社会责任消费意向越强；利他主义不但会直接正面影响旅游者社会责任消费意向，而且会通过对态度的正面影响间接影响旅游者社会责任消费意向；人们越是觉得有道德义务在旅游消费过程中进行社会责任消费，其旅游者社会责任消费意向越强；家人、朋友等重要影响群体对旅游者社会责任消费行为的肯定和预期不但会对旅游者社会责任消费意向产生积极的直接影响，而且会通过正面影响人们对此的态度增强人们对此的道德义务感，进而间接地提高他们在旅游消费过程中的社会责任消费意向。计划行为理论的创始人 Ajzen（1985，1991）提到，作为一个高度概括的一般性理论，计划行为理论在特定的研究情境下需要纳入新的变量和新的关系，以提高对具体行为的解释力度。本书从旅游者社会责任消费的亲社会属性出发，将利他主义和道德义务两个变量引入计划行为理论，构建新模型，所构模型与研究数据拟合状况良好，对此是很好的印证。

　　第三，参照人口统计学特征在一般的社会责任消费行为（意向）影响研究中广受关注的情况，本书也对这一变量对旅游者社会责任消费意向的影响进行了验证。通过独立样本 t 检验、单因素方差分析发现，女性尊重目的地文化禁忌的意向显著强于男性；相较于年均出游次数少的人群，出游次数较高的人群促进当地人增收意向和尊重当地文化禁忌的意向更强；不同的月均收入、年龄、受教育程度和职业类型的人群在促进当地人增收意向、适度消费意向和维护权益意向方面均不存在显著差异，仅在尊重当地文化禁忌意向方面存在差异，如月均收入3001~5000元的人群尊重目的地文化禁忌的意向显著较弱，24岁及以下人群显著高于25~54岁人群，大专及以上受教育程度的人群显著强于高中学历的人群，事业单位职工显著弱于其他职业类型等。从差异分析结果初步推断，旅游者社会责任消费意向较强的人群多为女性，且年轻、学历较高、出游经历丰富。这一结果与一般社会责任消费意向在人口统计学特征上的表现有很大相似性，一定程度上表明，在惯常环境下具有较强社会责任消费意向的群体作为旅游者时其社会责任消费意向也相对较强。

第三节　旅游消费特征对旅游者社会
责任消费意向的影响

　　张凌云教授（2009）提出，旅游就是人们在非惯常环境（Unusual Environment）下的体验和在此环境下的一种短暂的生活方式。从这一定义中可清晰看到旅游活动的异地性和暂时性特征（李天元，2015；谢彦君，2015）。由于旅游消费活动贯穿旅游活动始终，因此也必然具有异地性与暂时性特征。进一步而言，旅游者社会责任消费作为旅游消费过程中的一种消费方式，也不可避免地会受到异地性和暂时性特征的影响。基于此，本书将从旅游消费的异地性与暂时性特征出发，对应地引申出社会距离与时间压力两个变量，检验这两个变量对旅游者社会责任消费意向的影响。

从非惯常环境入手研究旅游者行为发生的机制，将有助于树立有学科特色的研究对象（管婧婧、董雪旺和鲍碧丽，2018）。本书从非惯常环境入手，研究由此衍生而来的旅游消费的异地性与暂时性特征对旅游者社会责任消费意向的影响，不但使研究对象的旅游学科特色得到体现，而且更加有助于把握影响因变量的特殊因子。

一、研究假设与模型

1. 旅游消费的异地性与社会距离

如前文所述，帕克（1924）将社会距离定义为存在于集团之间、个体之间的熟悉与亲近程度，个体之间与集团之间的社会距离越大，彼此之间的相互影响就越少。他认为，地理空间的隔离有助于维持社会距离（Park，1969），而旅游消费的异地性特征在很大程度上就是客源地与目的地之间空间隔离的表征。因此，根据帕克的观点，旅游消费必然要面对社会距离问题，换言之，社会距离必然会对旅游消费活动产生影响。

一般来说，个体的认知和行为会受到社会距离的影响，个体间关系的亲疏远近会影响人们的认知，并进一步对个体的行为决策产生影响（徐惊蛰和谢晓非，2011）。社会距离理论认为，当他人不属于其所在群体时，一个人会较少关心他人的福祉（Charness et al.，2007）。人们越是感觉与某人亲近，与某人之间的关系越是趋于亲密，其越有可能作出针对某人的利他行为（Rachlin and Jones，2008）。简言之，人们会对与自身社会距离较近的人表现出更多的利他行为。个体行为的效价也会受到社会距离的影响，社会距离会对个体行为的积极性产生消减作用，但对个体行为的消极性具有显著的增强作用（Libernnan et al.，2007），相应地，利他行为也就更少。有研究发现，旅游者对目的地环境的陌生感会随着对目的地居民的社会距离感知的增大而增加，这种陌生感会使旅游者感受到某种威胁，从而会降低其针对目的地的积极行为与结果（Tasci，2009）。由此我们推断，随着社会距离的增大，旅游者面向目的地的、具有亲社会属性的社会责任消费意向会减弱，具体提出如下假设：

H9：社会距离会显著负向影响旅游者社会责任消费意向的四个维度

H9a：社会距离会显著负向影响旅游者维护权益意向

H9b：社会距离会显著负向影响旅游者适度消费意向

H9c：社会距离会显著负向影响旅游者促进当地人增收意向

H9d：社会距离会显著负向影响旅游者尊重当地文化禁忌意向

2. 旅游消费的暂时性与时间压力

如前文所述，旅游消费具有暂时性特征，旅游者在结束一次全程旅游活动之后，须返回其惯常居住地（李天元，2014）。旅游者按计划出游，按计划返回（谢彦君，2015）。Kongarchapatara 和 Shannon（2016）指出，时间已经成为一种非常宝贵的消费者资源。然而，在旅游消费的暂时性与旅游者追求单次旅游时间效用最大化心理的共同作用下，时间资源的有限性与稀缺性被进一步强化，这便带来了时间压力问题。

消费者须在有限的时间内作出消费决策，而时间资源的限制会引发消费者的某种情绪反应，并使消费者产生压力感和焦虑感，这就是时间压力，也就是说时间压力是决策者在制定决策过程中由于时间限制而产生的一种心理状态（张源和李启庚，2017）。时间压力是影响决策的重要因素（Svenson and Maule，1993）。时间压力限制了消费者制定购买决策所需要的资源条件，从而降低了消费者购买决策的质量（王大伟，2009）。从旅游者社会责任消费意向的四个维度来看，维护权益、适度消费、促进当地人增收以及尊重当地文化禁忌均需要旅游者对目的地的相关信息进行搜索、分析、判断与处理，而由于非惯常环境本身所具有的信息不对称性，加之时间压力的作用，旅游者很有可能减少或放弃社会责任消费意向。李志飞（2014）提出，旅游者在旅游目的地停留的时间越短，其冲动购买意愿越强。这显然与适度消费意向相背离。Darley 和 Batson（1973）的研究表明，个体在受到时间压力约束的情况下很有可能不去帮助一个需要帮助的人。因此我们推断，旅游者感知到的时间压力会对其社会责任消费意向产生抑制作用，具体研究假设如下：

H10：时间压力会显著负向影响旅游者社会责任消费意向的四个维度

H10a：时间压力会显著负向影响旅游者维护权益意向

H10b：时间压力会显著负向影响旅游者适度消费意向

H10c：时间压力会显著负向影响旅游者促进当地人增收意向

H10d：时间压力会显著负向影响旅游者尊重当地文化禁忌意向

3. 概念模型

基于上述分析，本书推论：旅游者对社会距离和时间压力的感知会显著负向影响旅游者社会责任消费意向的四个维度，即维护权益意向、适度消费意向、促进当地人增收意向和尊重当地文化禁忌意向。与子研究二的上一个研究相同，本部分研究整体上使用行为意向代替实际行为，通过实证研究检验本书所提出的研究假设。概念模型如图5-9所示。

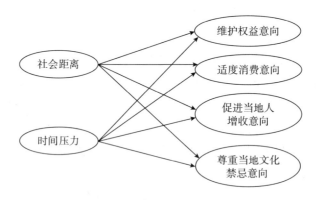

图5-9　子研究二（二）概念模型

二、研究方法

1. 问卷与变量测量

与上文的研究相同，本部分研究的调查问卷同样包含研究简介、研究模型中概念的测量量表以及人口统计学特征（如年平均出游次数、性别、年龄、月收入水平、受教育程度、职业）三部分。为保证得到的研究结论具有可靠性，研究中涉及的主要概念的测量题项亦均取自以往文献中使用过的成熟量表以及子研究一开发的量表。在问卷设计过程中，针对选用的英文量表，同样遵照了"回译法"程序，即先将英文题项翻译为中文，并根据本书的情境对题项的表述与措辞进行调整；然后将调整后的中文题项译回英文，并与源量表题项进行比对、修整与完善。考虑到研究中使用的部分量表是依托西方情境而开发的，本部分研究通过组织小规模访谈、专家评议的方式对其进行了调整与改进，编制了适合我国情境的量表。

社会距离（Social Distancee）：如前文所述，是指存在于集团之间、个体之间的熟悉与亲近程度（帕克，1924）。本书依据 Reisinger 和 Turner（2002）、Joo 等（2018）、Sinkovics 和 Penz（2009）、Yilmaz 和 Tasci（2015）等的研究中使用过的量表，选取了12个语义差别题项测量旅游者对设定旅游目的地的社会距离感知（见表5-47）。问卷依据 Likert5 级评分法进行设计，受访者需对10个题项进行自评（1=一点也不喜欢，5=非常喜欢）。

表 5-47 社会距离测量量表

编号	题项
SD1	被邀请到他们的家里做客
SD2	邀请他们到我家做客
SD3	与他们一起运动（如跑步）
SD4	与他们共享设施（如公共汽车）
SD5	参加他们的家庭聚会
SD6	与他们有一段亲密的私人关系
SD7	与他们共同用餐
SD8	和他们成为朋友
SD9	和他们在公共场合聊天
SD10	和他们交换礼物和信件

资料来源：Reisinger 和 Turner（2002）、Joo 等（2018）、Sinkovics 和 Penz（2009）、Yilmaz 和 Tasci（2015）等。

时间压力（Time Pressure）：是决策者在制定决策过程中由于时间限制而产生的一种心理状态（张源和李启庚，2017）。本书依 Kasser 和 Sheldon（2009）、Maruping 和 Thatcher（2015）、Lin 和 Chen（2013）以及 Garhammer（2002）等的研究中使用的量表，选取了 8 个不同题项测量旅游者对旅游途中时间压力的感知（见表 5-48）。问卷设计采用 Likert5 级评分法，受访者需对 8 个题项进行自评（1=完全不同意，5=非常同意）。

表 5-48 时间压力测量量表

编号	题项
TP1	我在本地的旅行生活很匆忙
TP2	我在本地的旅行有很多空闲时间
TP3	我像"打仗"一样奔跑在不同的景点间
TP4	旅行中我有足够的时间做我想做的事情
TP5	我在本地的旅行生活很从容
TP6	我在本地每天的旅行生活很紧张
TP7	我有足够的时间细细品味旅游地
TP8	我觉得旅行是一件很忙碌的事情

资料来源：Kasser 和 Sheldon（2009）、Maruping 和 Thatcher（2015）、Lin 和 Chen（2013）、Garhammer（2002）等。

旅游者社会责任意向测量量表采用子研究一开发的量表，此处不再赘述。

2. 样本与数据收集

为获得有效数据，2018 年 8 月我们通过便利抽样方式对到访内蒙古自治区赤峰市、呼和浩特市与鄂尔多斯市的游客进行了问卷调查，调查过程中同时用到了纸质问卷与电子问卷（问卷星），共获得 344 份有效问卷。本次问卷调查样本的人口统计学特征如表 5-49 所示。

表 5-49 子研究二（二）样本人口统计学特征

调查项目	类别	频率	百分比（%）	调查项目	类别	频率	百分比（%）
年均出游次数	没有	12	3.5	性别	男	151	43.9
	1 次	120	34.9		女	193	56.1
	2~3 次	153	44.5	年龄	24 岁及以下	42	12.2
	4 次及以上	59	17.2		25~34 岁	125	36.3
受教育程度	初中及以下	22	6.4		35~44 岁	96	27.9
	高中	44	12.8		45~54 岁	58	16.9
	大专	79	23.0		55~64 岁及以上	23	6.7
	本科	172	50.0	月均收入	3000 元及以下	30	8.7
	研究生	27	7.8		3001~5000 元	108	31.4
职业类型	企业员工	102	29.7		5001~7000 元	72	20.9
	公务员	15	4.4		7001~9000 元	35	10.2
	事业单位职工	62	18.0		9001 元及以上	42	12.2
	学生	23	6.7		没有收入	18	5.2
	其他	142	41.3		不便作答	39	11.3

从样本的人口统计学特征分布情况来看，年均出游次数为 2~3 次的居多，占到了样本总数的 44.5%；女性受访者比男性受访者多 12.2%；具有本科学历水平的被调查者人数居多，占到了样本总数的 50%；从年龄来看，25~44 岁的年轻人群占比较高，达 64.2%；职业类型方面，企业员工和事业单位职工占比较高，两者合计占比 47.7%；收入方面，月均收入在 3001~7000 元的占比较高，合计占比 52.3%。整体来看，调查样本基本覆盖了各类人群，具有一定的代表性。

三、数据分析与结果

1. 数据的正态分布检验

与上一研究相同，在使用结构方程模型（SEM）中的最大似然法进行参数估计之前，先对样本数据进行正态性检验。如表 5-50 所示，本书所有测量题项的偏度绝对值介于 0.015~1.546，峰度绝对值介于 0.004~3.819，达到了偏度绝对值小于 3，且峰度绝对者小于 8 的临界值要求（Kline，2005）。因此，本书收集的数据适合使用 SEM 中的最大似然法进行进一步的分析。

表 5-50　子研究二（二）样本数据正态分布检验

题项	N	均值	标准差	偏度		峰度	
	统计量	统计量	统计量	统计量	标准误	统计量	标准误
SD1	344	1.90	0.895	1.006	0.131	0.912	0.262
SD2	344	2.24	1.030	0.562	0.131	−0.297	0.262
SD3	344	2.14	0.926	0.600	0.131	−0.004	0.262
SD4	344	2.09	0.818	0.288	0.131	−0.248	0.262
SD5	344	2.11	0.946	0.781	0.131	0.264	0.262
SD6	344	2.58	1.044	0.200	0.131	−0.604	0.262
SD7	344	2.00	0.819	0.449	0.131	−0.084	0.262
SD8	344	1.86	0.781	0.914	0.131	1.645	0.262
SD9	344	2.05	0.819	0.581	0.131	0.467	0.262
SD10	344	2.06	0.874	0.726	0.131	0.402	0.262
TP1	344	3.13	1.001	−0.236	0.131	−0.629	0.262
TP2	344	3.05	0.975	0.015	0.131	−0.555	0.262
TP3	344	3.00	1.131	−0.067	0.131	−0.928	0.262
TP4	344	2.69	1.016	0.358	0.131	−0.487	0.262
TP5	344	2.55	0.940	0.566	0.131	−0.009	0.262
TP6	344	3.04	1.029	−0.114	0.131	−0.851	0.262
TP7	344	2.61	0.925	0.242	0.131	−0.422	0.262
TP8	344	3.18	1.171	−0.207	0.131	−1.049	0.262
TSRCI1	344	3.82	0.905	−0.563	0.131	0.171	0.262
TSRCI2	344	3.74	0.961	−0.667	0.131	0.353	0.262
TSRCI3	344	3.92	0.900	−0.863	0.131	0.936	0.262
TSRCI4	344	3.91	0.847	−0.608	0.131	0.495	0.262
TSRCI5	344	3.85	0.879	−0.647	0.131	0.477	0.262
TSRCI6	344	2.86	1.154	0.189	0.131	−0.820	0.262
TSRCI7	344	2.80	1.077	0.131	0.131	−0.595	0.262
TSRCI8	344	2.91	1.091	0.058	0.131	−0.654	0.262

续表

题项	N	均值	标准差	偏度		峰度	
	统计量	统计量	统计量	统计量	标准误	统计量	标准误
TSRCI9	344	3.37	1.169	−0.328	0.131	−0.789	0.262
TSRCI10	344	4.04	0.791	−1.063	0.131	2.255	0.262
TSRCI11	344	4.05	0.735	−0.649	0.131	1.082	0.262
TSRCI12	344	3.87	0.866	−0.883	0.131	1.231	0.262
TSRCI13	344	3.82	0.816	−0.895	0.131	1.680	0.262
TSRCI14	344	4.50	0.716	−1.546	0.131	2.701	0.262
TSRCI15	344	4.45	0.706	−1.246	0.131	1.410	0.262
TSRCI16	344	4.38	0.742	−1.512	0.131	3.819	0.262

注：N=344。

2. 共同方法偏差检验

为避免同源方差风险，本书对样本数据进行了共同方法偏差检验。与上一研究相同，我们采用 Harman 单因素分析法对可能存在的风险进行评估（Podsakoff and Organ, 1986）。将问卷的所有测量题项进行未旋转的探索性因子分析，结果显示，在未旋转状态下，数据析出的特征根大于1的因子有8个，其中第一个因子解释了总方差 20.169% 的变异，表明不存在单一因子解释 40% 以上方差的情况。据此，我们判定共同方法偏差风险不会对后续研究构成重大影响。

3. 测量模型的信度检验

利用 SPSS 21.0 对收集到的数据进行可靠度分析，结果表明，34个题项整体的 Cronbach's α 系数为 0.714，旅游者社会责任消费意向的四个维度及相关变量的 Cronbach's α 值均高于 0.7 这一标准（Nunnally and Bernstein, 1994）（见表5-51）。分析结果表明，调研数据整体可信度较高，量表具有良好的内部一致性。

表5-51　子研究二（二）各潜变量信度系数

变量	Cronbach's α	项数
社会距离	0.899	10
时间压力	0.773	8
维护权益	0.831	5
适度消费	0.713	4
促进当地人增收	0.773	4
尊重当地文化禁忌	0.732	3

4. 测量模型的效度检验

遵循 SEM 的基本步骤，本书首先使用 AMOS 22.0 软件对测量模型的收敛效度进行了检验，采用了验证性因子分析（CFA）方法。从验证性因子分析的结果可以看出，本书提出的测量模型与样本数据的适配情况较为理想，表明模型质量较好（见表5-52）。

表5-52　子研究二（二）量表的验证性因子分析模型整体配适度检验

拟合指标	CMIN/DF	RMR	RMSEA	GFI	AGFI	NFI	TLI	CFI
拟合标准	<3	<0.05	<0.08 （若<0.05，优良；若<0.08，良好）	>0.90	>0.90	>0.90	>0.90	>0.90
运算结果	2.102	0.048	0.057	0.873	0.839	0.848	0.897	0.913

根据 Hair 等（2009）的观点，当满足潜变量与观测变量之间的标准载荷大于0.5且潜变量平均方差抽取量 AVE 值大于0.5时，表明量表的收敛效度良好。在使用 AMOS 22.0 软件进行验证性因子分析的过程中，发现个别观察变量的标准载荷过低，对此我们进行了删除处理，其中删除社会距离测量题项1项，删除时间压力测量题项4项，删除适度消费测量题项1项。由表5-53可以看出，模型中剩余28个题项的标准化因子载荷介于0.51~0.83，都达到了大于0.5的标准，并达到了显著性水平，同时6个潜变量的 AVE 值也基本达到了大于0.5的阈值要求，表明模型具有良好的收敛效度。

表5-53　子研究二（二）的量表验证性因子分析结果

潜变量	题项	标准化因子载荷	信度系数（R^2）	测量误差	组合信度（C.R）	平均方差抽取量（AVE）
社会距离	SD1	0.75	0.56	0.44	0.91	0.53
	SD2	0.70	0.49	0.51		
	SD3	0.71	0.50	0.50		
	SD4	0.69	0.47	0.53		
	SD5	0.71	0.50	0.50		
	SD7	0.78	0.60	0.40		
	SD8	0.73	0.54	0.46		
	SD9	0.77	0.59	0.41		
	SD10	0.71	0.50	0.50		

续表

潜变量	题项	标准化因子载荷	信度系数（R²）	测量误差	组合信度（C. R）	平均方差抽取量（AVE）
时间压力	TP1	0.68	0.46	0.54	0.81	0.52
	TP3	0.78	0.61	0.39		
	TP6	0.82	0.67	0.33		
	TP8	0.59	0.34	0.66		
维护权益	TSRCI1	0.78	0.61	0.39	0.84	0.51
	TSRCI2	0.80	0.63	0.37		
	TSRCI3	0.72	0.52	0.48		
	TSRCI4	0.57	0.32	0.68		
	TSRCI5	0.67	0.45	0.55		
适度消费	TSRCI6	0.78	0.61	0.39	0.71	0.46
	TSRCI7	0.72	0.51	0.49		
	TSRCI9	0.51	0.26	0.74		
促进当地人增收	TSRCI10	0.52	0.27	0.73	0.78	0.48
	TSRCI11	0.67	0.45	0.55		
	TSRCI12	0.80	0.65	0.35		
	TSRCI13	0.74	0.55	0.45		
尊重当地文化禁忌	TSRCI14	0.63	0.40	0.60	0.80	0.58
	TSRCI15	0.83	0.69	0.31		
	TSRCI16	0.81	0.65	0.35		

当潜变量 AVE 值的算术平方根大于该潜变量与其他变量的相关系数时，表明测量模型的区分效度良好（Fornell and Larcker，1981）。数据分析结果表明，模型中绝大部分潜变量 AVE 值的算术平方根大于潜变量之间的相关系数，表明该模型的潜在结构有良好的区分效度（见表 5-54）。

5. 研究假设的检验结果

在证实样本数据具有良好信度、效度的基础上，本书使用 AMOS 22.0 软件对整体结构模型与数据的拟合情况以及研究假设进行了检验。

结构模型分析结果如图 5-10 所示。从模型的拟合状况来看，卡方自由度比值（CMIN/DF）、近似误差均方根（RMSEA）这两项绝对拟合度指标均达到了适配要求，其他各项指标虽未达到要求但均接近临界值（见表 5-55），据此我们认为模型拟合状况基本过关，模型与量表数据匹配合格。

表 5-54　子研究二（二）各潜变量 AVE 值的算术平方根与相关系数

潜变量	社会距离	时间压力	维护权益	适度消费	促进当地人增收	尊重当地文化禁忌
社会距离	0.728					
时间压力	0.137*	0.721				
维护权益	-0.237*	0.146*	0.714			
适度消费	0.091*	-0.275*	0.018*	0.678		
促进当地人增收	-0.476*	-0.054*	0.254*	-0.169*	0.693	
尊重当地文化禁忌	-0.242*	0.162*	0.219*	0.2*	0.517*	0.762

注：对角线为 AVE 值的算术平方根；＊表示该相关系数小于 AVE 值的算术平方根。

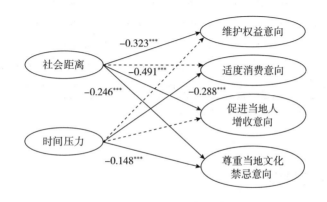

图 5-10　子研究二（二）结构模型输出结果

注：＊＊＊表示 P<0.001；虚线表示假设被拒绝。

表 5-55　子研究二（二）结构模型与量表数据的拟合情况

拟合指标	CMIN/DF	RMR	RMSEA	GFI	AGFI	NFI	TLI	CFI
拟合标准	<3	<0.05	<0.08（若<0.05，优良；若<0.08，良好）	>0.90	>0.90	>0.90	>0.90	>0.90
运算结果	2.333	0.063	0.062	0.860	0.825	0.829	0.875	0.893

由表 5-56 可以看出，社会距离显著负向影响旅游者维护权益意向、促进当地人增收意向和尊重当地文化禁忌意向，本书提出的假设 H9a、H9c、H9d 得到了支持；社会距离显著正向影响适度消费意向，这一结果与本书提出的假设恰好相反，H9b 被拒绝。时间压力显著负向影响旅游者适度消费意向与尊重当地文化

禁忌意向，研究假设 H10b 和 H10d 得到支持；时间压力显著正向影响旅游者维护权益意向，与本书提出的假设恰好相反，H10a 被拒绝；此外，数据分析结果表明，时间压力对旅游者促进当地人增收意向的影响不显著，H10c 也被拒绝。总体来看，研究假设 H9、H10 得到部分支持。

表 5-56　子研究二（二）假设检验结果

	Estimate	S. E.	C. R.	P	假设检验结果
维护权益意向 <--- 社会距离	-0.323	0.083	-5.039	***	H9a 成立
适度消费意向 <--- 社会距离	0.128	0.107	1.978	0.048*	H9b 不成立
促进当地人增收意向 <--- 社会距离	-0.491	0.061	-5.787	***	H9c 成立
尊重当地文化禁忌意向 <--- 社会距离	-0.246	0.069	-3.688	***	H9d 成立
维护权益意向 <--- 时间压力	0.168	0.065	2.710	0.007	H10a 不成立
适度消费意向 <--- 时间压力	-0.288	0.095	-4.024	***	H10b 成立
促进当地人增收意向 <--- 时间压力	0.002	0.034	0.033	0.974	H10c 不成立
尊重当地文化禁忌意向 <--- 时间压力	-0.148	0.055	-2.218	0.027*	H10d 成立

注：* 表示 P<0.05，*** 表示 P<0.001。

四、结论与讨论

本书从旅游消费的异地性和暂时性特征出发，对应地引申出社会距离和时间压力两个变量，进而依据社会距离理论和时间压力的相关研究，提出了社会距离和时间压力会显著负向影响旅游者社会责任消费意向的研究假设。本书假设社会距离、时间压力会显著负向影响旅游者维护权益意向、适度消费意向、促进当地人增收意向和尊重当地文化禁忌意向，通过数据收集、样本分析、信度与效度检验，并利用结构方程模型进行参数估计与研究假设检验，得出如下结论：

第一，社会距离显著负向影响旅游者社会责任消费意向的三个维度，即维护权益、促进当地人增收与尊重当地文化禁忌，表明旅游者感知到的与目的地社区的社会距离越大，他们在旅游消费过程中维护自身权益、促进当地人增收、尊重当地文化禁忌的意向越弱。随着感知社会距离的增加，非惯常环境意味着一定程度的陌生感和不安全性（管婧婧、董雪旺和鲍碧丽，2018），这种陌生感会使旅游者感受到某种威胁，从而会降低其针对目的地的积极行为与结果（Tasci，2009）。显然，本书的研究结果证实了这一情况。另外，研究发现社会距离显著正向影响旅游者适度消费意向，即旅游者感知到的与目的地的社会距离越大，他们的适度消费意向越强，这一结果与本书提出的研究假设相悖。其原因在于：当旅游者感知与目的地社会距离大时，通常会自认为对当地各类信息掌握得不充分，处于信息不对称的弱势方，这其中包括对当地物价信息的不熟悉、不了解。在此情况下，按照理性人假设，旅游者通常会进行理性消费，以避免上当受骗。

第二，时间压力显著负向影响旅游者的适度消费意向和尊重当地文化禁忌意向，表明旅游者感知到的时间压力越大，旅游者进行适度消费的意向越弱，尊重当地文化禁忌的意向也越弱。Young 等（2012）的研究发现，时间压力下的个体在认知任务中更倾向于使用启发式策略，而非分析式策略。简言之，时间压力下的个体进行理性分析的倾向更低。由于适度消费属于理性消费，而尊重当地文化禁忌需要对具体的"文化事件"进行理性判断，当感知到时间压力较大时，旅游者在这两个维度方面的意向就有可能减弱。另外，研究还发现时间压力显著正向影响旅游者维护权益意向，即旅游者感知到的时间压力越大，其维护权益的意向越强。这一结果似乎与常理相悖，究其原因，可能与旅游者个性特征、旅游者感知到的维权事件的重要性等因素有关，需在后续研究中做深入探究。根据研究结果，时间压力对旅游者促进当地人增收意向不存在显著影响，表明促进当地人增收意向不会受到旅游者所感知到的时间压力的抑制，也就是说，即使感知到了时间压力，旅游者也可能萌生促进当地人增收的意向。

综上，社会距离和时间压力对旅游者社会责任消费意向的抑制作用基本得到了实证数据的支持，表明从旅游消费的异地性、暂时性特征着手探究旅游者社会责任消费意向的影响因素是可行的。

第四节　本章小结

本章主要研究了旅游者社会责任消费意向的影响机制问题，是全书的核心构成部分，主要由两部分组成：一是以计划行为理论为基准框架，融合社会偏好理论与规范激活理论，构建并检验了旅游者社会责任消费意向影响机制模型；二是从旅游消费的异地性与暂时性特征入手，提出并检验了社会距离和时间压力对旅游者社会责任消费意向（维护权益、适度消费、促进当地人增收、尊重当地文化禁忌）的影响。通过数据收集、样本分析、信度与效度检验以及 SEM 参数估计与假设检验，本章证实所构建、提出的影响机制模型与研究假设成立。研究结果显示，社会距离、时间压力对旅游者社会责任消费意向的多数维度存在显著抑制作用，表明从旅游消费的异地性、暂时性特征入手展开旅游者社会责任消费意向的影响因素研究具有可行性，是值得关注的研究视角。本章所开展的研究对旅游者社会责任消费理论体系的构建、计划行为理论的拓展与改进以及旅游学科特色的确立均具有积极的启示。

第六章
旅游者社会责任消费意向与行为的关系

从一开始，实验心理学就把重点放在知识获取与表征的认知机制上。理解人类的认知似乎是解释人类行为的第一步。一旦我们知道了人们如何感知他们的环境，他们如何判断自己的能力所产生的预期效果，就能够解释和预测他们的行为。然而，认知和行为之间的联系并没有人们想象的那么可靠。人们并不总是以与他们的信仰、价值观、态度或意图一致的方式行事（Kuhl and Beckman，1985）。

为什么个人经常不按照他们的意愿行事是社会心理学一直关注的问题（Davies et al.，2002）。本书第二章关于意向与行为差距的相关研究表明，这一差距（意向—行为）对业界与学界来说都很重要，但还没有得到充分的认识（Carrington et al.，2010）。Andorfer 和 Liebe（2012）指出，大多数研究并不探究行为，而只是停留在探索意图上。Hassan 等（2016）也强调，在后续的时间点评估行为是研究意向—行为差距的必要条件，而这样的研究较为匮乏。他们建议通过纵向数据来考察意向与行为之间的关系。基于此，本章将针对子研究三提出的研究主题，采用历时研究方法对旅游者社会责任消费意向与行为之间的关系进行实证检验。

近年来，通过定性方法探究意向与行为之间差距的研究逐渐增多（Carrigan and Attalla，2001；Devinney et al.，2010；Bray et al.，2010；邓新明，2014）。Belk 等（2005）认为，在日常生活的具体情境中，消费者通常会表露出意向（或态度）与实际行为之间的差异，而定性研究方法在验证这些情境因素方面能够产生显著的效果。Hassan 等（2016）认为，定性研究非常有价值，可以提供有助于减少意向—行为差距影响因素的见解。因此，本书还将通过开放式问卷的方法对所收集的数据进行定性研究，以探索意向—行为差距的影响因素。

第一节 数据收集与样本情况

一、数据收集

如前所述，本书采用历时研究方法对旅游者社会责任消费意向与行为之间的关系进行检验。为此，我们分两个阶段进行数据收集，为确保两个阶段调查的都是同一批被调查者，本书采用便利抽样的方式选取内蒙古自治区呼和浩特市某高校的在读本科生作为调查对象。为提高研究的有效性，将数据的收集时间选定在了 2018 年"十一"黄金周前后。

第一阶段在 2018 年 9 月下旬完成。在调查开始之前，我们首先对被调查者进行了筛选，请"十一"假期有旅行计划的同学填写调查问卷，无旅行计划者不做调查。调查问卷是依据子研究一开发的量表设计的自填式旅游者社会责任消费意向问卷。问卷主要由两部内容组成：一部分为研究内容，包含 16 个题项，采用 Likert5 级评分法编制，1 分表示"完全不可能"，5 分表示"极有可能"；一部分为样本信息，包括姓名、性别、专业、年级等，这些信息为第二阶段的数据收集提供了保证。我们在第一阶段共收集到了 362 份有效问卷。

参照 Hassan 等（2016）的研究，本书第二阶段数据收集工作在 11 月下旬完成，调研时间与第一阶段调研相距约 7 周，与"十一"假期结束相距约 6 周。依据第一阶段获取的数据中的个人信息，我们找到了对应的调查对象，并对其展开了跟踪调查。同样，在调查之前进行样本筛查，请"十一"假期确实开展了旅行活动的同学填写问卷，有旅行计划但未执行的不做调查。问卷同样依照子研究一开发的旅游者社会责任消费意向量表进行设计，所不同的是由对意向的测量改为了对行为的测量，被调查者对 16 个题项只需回答"有"（编码为 1）或"没有"（编码为 0）即可。另外，第二阶段的调查问卷还在每个题项后增加了开放性问题，请被调查者根据自身情况给出没有履行相应的旅游者社会责任消费行为的具体原因。由于一部分同学因各种原因没有在"十一"假期出游，因此第二阶段共追踪、获取了 343 份有效问卷。

二、样本构成

通过两个阶段的数据收集，我们一共获取了 343 份有效问卷，从样本特征来看，男生 112 人、占比 32.7%，女生 231 人、占比 67.3%，其中女生人数多于男生人数的主要原因在于该高校为文科院校，女生人数在整体上占有优势。从所在年级的分布情况来看，2017 级（大学二年级）同学人数最多，有 169 人，占比 49.3%；其次为 2016 级（大学三年级）同学，有 111 人，占比 32.4%；再次为 2018 级（大学一年级）同学，有 62 人，占比 18.1%；2015 级（大学四年级）同学最少，仅有 1 人，占比 0.3%。

第二节　数据分析与结果

一、意向与行为对比分析

在正式的数据分析之前，我们对所收集到的数据的信度进行了检验，343 份样本的第一阶段数据信度系数 Cronbach's α 值为 0.746，第二阶段数据信度系数 Cronbach's α 值为 0.664，均达到了可接受水平（吴明隆，2010a）。依据两个阶段获取的数据的性质与变量类型，即第一阶段的预测变量（旅游者社会责任消费意向）为连续变量，第二阶段的依变量（旅游者社会责任消费行为）为二分名义变量，我们采用二元逻辑斯蒂（Logistic）回归分析方法展开分析。

由于预测变量和依变量均包含四个维度，即维护权益（5 个题项）、适度消费（4 个题项）、促进当地人增收（4 个题项）和尊重当地文化禁忌（3 个题项），因此本章将分别检验四个维度下意向与行为之间的关系。由于依变量的四个维度均包含不同的题项，借鉴 Hassan 等（2016）的研究，在求均值的基础上依据均值的中位数将各维度分别划分为两组（有对应行为和没有对应行为）。在完成上述准备工作后，使用 SPSS 21.0 软件进行数据分析。

1. 维护权益意向与行为之间的逻辑斯蒂回归分析

研究结果表明，Hosmer-Lemeshow 检验值为 11.037，P 值为 0.200，大于

0.05，未达到显著水平，说明以维护权益意向为自变量建立的回归模型适配度良好。表6-1为预测分类正确率交叉表，可以看出，原先176位无维护权益意向的观察值有121位被归类于无维护权益行为组（分类正确）、55位被归类于有维护权益行为组（分类错误）；原先167位有维护权益意向的观察值有86位被归类于无维护权益行为组（分类错误）、81位被归类于有维护权益行为组（分类正确）。预测分类正确率为58.9%。由表6-2可知，以维护权益意向为自变量的Wald检验值达到显著水平，表明维护权益意向是预测、解释旅游者有无维护权益行为的重要预测变量。胜算比（Odd Ratio）用于说明自变量与依变量之间的关系，胜算比值越高，表示自变量与依变量的关联程度越强（吴明隆，2010a）。由表6-2可知，维护权益意向的胜算比为1.568，表明维护权益意向测量值增高1分，旅游者"有维护权益行为比无维护权益行为的胜算"的概率就增加0.568（56.8%）。维护权益意向作为预测变量的回归系数为0.450，表明维护权益意向的预测值越高，有维护权益行为比无维护权益行为的胜算越大。

表6-1 维护权益意向的预测分类正确率交叉表

		预测值		正确百分比
		无维护权益行为	有维护权益行为	
实际值	无维护权益意向	121	55	68.8%
	有维护权益意向	86	81	48.5%
总预测分类正确率		58.9%		

表6-2 维护权益意向作为自变量胜算比和回归系数

		B	S. E.	Wals	df	Sig.	Exp（B）
步骤1	维护权益意向	0.450	0.143	9.952	1	0.002	1.568
	常量	-1.709	0.538	10.100	1	0.001	0.181

2. 适度消费意向与行为之间的逻辑斯蒂回归分析

研究结果表明，Hosmer-Lemeshow检验值为5.310，P值为0.724，大于0.05，未达到显著水平，说明以适度消费意向为自变量建立的回归模型适配度良好。表6-3为预测分类正确率交叉表，可以看出，原先199位无适度消费意向的观察值有167位被归类于无适度消费行为组（分类正确）、32位被归类于有适度消费行为组（分类错误）；原先144位有适度消费意向的观察值有110位被归类于无适度消费行为组（分类错误）、34位被归类于有适度消费行为组（分类正确）。预测分类正确率为58.6%。由表6-4可知，以适度消费意向为自变量的Wald检验值达到显著水平，表明适度消费意向是预测、解释旅游者有无适度消费行为的重要预测变量。由表6-4还可以看到，适度消费意向的胜算比为0.622，表明适度消费意向测量值增高1分，旅游者"有适度消费行为比无适度消费行为的胜算"的概率就减少0.378（37.8%）。适度消费意向作为预测变量的回归系数为 -0.475，表明适度消费意向的预测值越高，有适度消费行为比无适度消费行为的胜算越小。

表6-3　适度消费意向的预测分类正确率交叉表

		预测值		正确百分比
		无适度消费行为	有适度消费行为	
实际值	无适度消费意向	167	32	83.9%
	有适度消费意向	110	34	23.6%
总预测分类正确率		58.6%		

表6-4　适度消费意向作为自变量的胜算比和回归系数

		B	S. E.	Wals	df	Sig.	Exp（B）
步骤1	适度消费意向	-0.475	0.134	12.622	1	0.000	0.622
	常量	1.382	0.491	7.936	1	0.005	3.982

3. 促进当地人增收意向与行为之间的逻辑斯蒂回归分析

研究结果表明，Hosmer-Lemeshow检验值为3.926，P值为0.687，大于0.05，未达到显著水平，说明以促进当地人增收意向为自变量建立的回归模型适配度良好。表6-5为预测分类正确率交叉表，可以看出，原先178位无促进当地人增收意向的观察值有124位被归类于无促进当地人增收行为组（分类正确）、54位被归类于有促进当地人增收行为组（分类错误）；原先165位有促进当地人增收意向的观察值有87位被归类于无促进当地人增收行为组（分类错误）、78位被归类于有促进当地人增收行为组（分类正确）。预测分类正确率为58.9%。由表6-6可知，以促进当地人增收意向为自变量的Wald检验值达到显著水平，表明促进当地人增收意向是预测、解释旅游者有无促进当地人增收行为的重要预测变量。如表 6-6 所示，促进当地人增收意向的胜算比为 1.906，表明促进当地人增收意向测量值增高 1 分，旅游者"有促进当地人增收行为比无促进当地人增收行为的胜算"的概率就增加 0.906（90.6%）。促进当地人增收意向作为预测变量的回归系数为 0.645，表明促进当地人增收意向的预测值越高，有促进当地人增收行为比无促进当地人增收行为的胜算越大。

表 6-5 促进当地人增收意向的预测分类正确率交叉表

		预测值		正确百分比
		无促进当地人增收行为	有促进当地人增收行为	
实际值	无促进当地人增收意向	124	54	69.7%
	有促进当地人增收意向	87	78	47.3%
总预测分类正确率		58.9%		

表 6-6 促进当地人增收意向作为自变量的胜算比和回归系数

		B	S. E.	Wals	df	Sig.	Exp（B）
步骤 1	促进当地人增收意向	0.645	0.192	11.339	1	0.001	1.906
	常量	-2.593	0.759	11.677	1	0.001	0.075

4. 尊重当地文化禁忌意向与行为之间的逻辑斯蒂回归分析

研究结果表明，Hosmer-Lemeshow 检验值为 1.179，P 值为 0.882，大于 0.05，未达到显著水平，说明以尊重当地文化禁忌意向为自变量建立的回归模型适配度良好。表 6-7 为预测分类正确率交叉表，可以看出，原先 23 位无尊重当地文化禁忌意向的观察值有 0 位被归类于无尊重当地文化禁忌行为组（分类正确）、23 位被归类于有尊重当地文化禁忌行为组（分类错误）；原先 320 位有尊重当地文化禁忌意向的观察值有 0 位被归类于无尊重当地文化禁忌行为组（分类错误）、320 位被归类于有尊重当地文化禁忌行为组（分类正确）。预测分类正确率为 93.3%。由表 6-8 可知，以尊重当地文化禁忌意向为自变量的 Wald 检验值未达到显著水平，表明尊重当地文化禁忌意向不能作为预测、解释旅游者有无尊重当地文化禁忌行为的重要预测变量。

表 6-7　尊重当地文化禁忌意向的预测分类正确率交叉表

		预测值		正确百分比
		无尊重当地文化禁忌行为	有尊重当地文化禁忌行为	
实际值	无尊重当地文化禁忌意向	0	23	0.0%
	有尊重当地文化禁忌意向	0	320	100.0%
总预测分类正确率		93.3%		

表 6-8　尊重当地文化禁忌意向作为自变量的胜算比和回归系数

		B	S. E.	Wals	df	Sig.	Exp（B）
步骤 1	尊重当地文化禁忌意向	0.295	0.351	0.708	1	0.400	1.344
	常量	1.381	1.490	0.859	1	0.354	3.977

二、意向与行为差异原因分析

如前所述，我们在第二阶段的数据收集过程中设置了开放式问题，以获取被调查者没有执行旅游者社会责任消费行为的原因数据。我们依据不同的维度对相关文本数据进行了分类。分析定性数据的基本步骤包括数据编码、数据分析归类和阐述结果（Creswell，2007）。在数据分析过程中，本书反复考察文本资料，筛选影响旅游者未能执行旅游者社会责任消费行为的因素，并采用多级编码的方式进行数据分析（任保平和李梦欣，2017）。为保证研究的信度和效度，我们首先组建了 2 个编码小组（每一组均包括 1 名高校教师和 1 名硕士生），并独立地对每一条数据进行编码，然后比较两组的编码结果。与此同时，为使编码的可信度得到进一步提高，当编码者之间出现分歧时，主要通过集体讨论的形式决定最终的编码（邓新明，2014）。我们通过形成初始概念、进行范畴化归纳以及提炼主范畴的三级编码过程来形成最终的研究结果。

1. 维护权益意向与行为差距的原因分析

我们共获取了 923 条有关没有执行维护权益行为原因的文本数据，通过编码小组的逐级编码，形成了如表 6-9 所示的初始概念编码表和如表 6-10 所示的主范畴编码表。

表6-9 维护权益意向与行为差距原因分析初始概念编码表

序号	初始概念	原始语句（例举）
1	认为投诉无用	感觉投诉不太管用；觉得投诉了不会有什么实质性的作用；我反映也未必有用
2	投诉程序烦琐	投诉手续繁杂，嫌麻烦；觉得投诉程序过于麻烦；投诉的话觉得事情比较多；觉得麻烦，也就算了
3	投诉渠道不明	不知道监管部门电话；找不到投诉的地点；不知如何投诉；不清楚部门、流程；没有正规投诉渠道，不知道提交什么证明；投诉无门，渠道不明
4	损失不大	鉴于并不是特别过分、损失也不大，就算了；数目太小了，觉得不值得为几块钱折腾；影响不大，觉得我实际并没有损失什么，少就少了吧（擅减景点）
5	自我维权意识薄弱	个人较保守，维权意识不强，如可以接受，就不会投诉；我自己这方面的意识比较缺乏；没想起来（维权）；不习惯做这种事情；对于这方面缺乏责任感以及义务，并未做到应尽的监督义务，并未向有关部门反映；没有投诉的观念
6	有先前投诉无效的经历	曾经有过，但发现没有什么用；据以往情况看，投诉后的效果不大；监管部门有不作为的先例，我的投诉效果微乎其微
7	认为浪费时间与精力	耗费的时间不划算；旅行过程排得很满，投诉有些浪费时间；旅行时间短，觉得浪费时间，不值得；不想浪费时间
8	影响出游心情	出去玩不想被影响心情；节假日出去玩不想给自己增添烦恼；出去旅游不想破坏心情，只想好好玩自己的
9	不想多生事端	出门在外，不想多生事端；虽会意识到这样的问题，但还是多一事不如少一事，也就算不了了了；下次不去就可以了，不想太麻烦；在人生地不熟的地方尽量不惹事
10	给予理解和包容	每个人都不容易，做事都有不得已的原因；一般如果强行索要的话会给，毕竟导游一直跟随也很辛苦；一般强制消费都不会采取过度极端的行为，都是为了谋生；虽然索要行为不当，但却可以理解，服务行业给小费在外国也属于正常行为
11	认为个人力量薄弱	（个人）力量微不足道；个人力量薄弱；一个人的力量不足以抗衡企业的力量，认为无效果；个人力量弱小
12	事不关己	觉得自己并没有购买，也就算了；感觉与自己没有多大的关系、无所谓；觉得事不关己高高挂起；未触及我的个人利益
13	安全顾虑	出于安全的考虑，并没有投诉怕惹事；怕导游或旅行社骚扰；不敢；有的导游态度不好，怕被打
14	懒于反映	想反映，但是懒；还是由于懒，没有损失很多就没有在意；懒得反映
15	习以为常	涨价很正常；旅游区东西普遍会贵很多；宣传本就有夸大的含义，觉得旅游满足了自己就好，也不会太斤斤计较；大部分企业都存在此问题，可适当接受；习惯了吧，感觉每个景点都存在这样的现象

右上角：续表

序号	初始概念	原始语句（例举）
16	认为无关紧要	感觉无关紧要；没在乎；没有很在意；不关心；涨价不买就可以，不会管这么多；只去一次，没有必要
17	容忍	默默认命了；自我安慰来的不是时候；内心吐槽、网上吐槽、告知亲朋好友罢了
18	从众心理	因为旅行团其他人没有表现出不满，害怕自己投诉后显得无理取闹或是理亏；从众心理
19	缺少投诉证据	没有（投诉）证据
20	自我防范	自己不相信他的宣传就好了

表 6-10　维护权益意向与行为差距原因分析主范畴编码表

主范畴	范畴化	初始概念
制度因素	投诉相关	认为投诉无用、投诉程序烦琐、投诉渠道不明、有先前投诉无效的经历、缺少投诉证据
个体因素	损失考量	损失不大、认为浪费时间与精力、影响出游心情
	后果顾虑	不想多生事端、安全顾虑
	自我归因	自我维权意识薄弱、认为个人力量薄弱、懒于反映
	应对态度	给予理解和包容、事不关己、习以为常、认为无关紧要、容忍、从众心理、自我防范

从表 6-10 可以看出，旅游者维护权益意向与行为差距形成的原因主要来自两个方面：

（1）制度因素的影响。主要体现为旅游者对投诉制度的不信任与负面评价，如认为投诉无用、先前投诉无效、投诉程序烦琐、渠道不明等。投诉制度建设不完备、运行效率低下使旅游者要么维权无门，要么维权效果甚微，结果便是直接打消了维权热情与维权行为。

（2）个体因素的影响。主要包括四个层面的内容：一是旅游者自身对损失的考量，认为损失不大则无必要维权，维权耗费时间、精力，会耽误行程，影响旅游心情，因此，"不值得为几块钱折腾"；二是自身对后果的顾虑，"怕惹事"，因此 "出于安全的考虑，并没有投诉"；三是进行自我归因，将没有进行维权归因于自身维权意识淡薄、个人力量薄弱以及懒于反映；四是自身对维权所持的消极态度，或给予理解和包容，如 "一般如果强行索要的话会给，毕竟导游一直跟随也很辛苦"，或 "觉得事不关己高高挂起"，又或者习以为常等。所以，从旅游者自身角度来看，损失权衡与风险规避是其放弃维权的主要原因，自我归因与消极的应对态度更像是认知失调后的自我调适。

2. 适度消费意向与行为差距的原因分析

我们共获取了424条有关没有进行适度消费原因的文本数据，通过编码小组的逐级编码，形成了如表6-11所示的初始概念编码表和如表6-12所示的主范畴编码表。

表6-11　适度消费意向与行为差距原因分析初始概念编码表

序号	初始概念	原始语句（例举）
1	从众心理	相信群众的眼睛是雪亮的，别人买我也想要；看到大家都买，然后自己也想买来试试；看到别人买，觉得这个东西好；我曾经认为大家都购买的物品一定很好；大家都在购买，思考是不是自己对那件商品有误解，它好像真的还不错，买一个吧；因为大家都有，我也想有；从众心理吧，一个大巴的人都买了，不买总觉得缺点什么
2	商品让人喜欢	控制不住，喜欢就买；无法克制的喜欢，宁愿省出饭钱也要买；因为当时特别喜欢，后来发现没多大用处；对物品的喜爱导致非理性消费行为；看到好看的手工艺品就买了，拿回来没用还占地方；有时只是觉得好看但根本用不到，就盲目消费；因为商品的魅力引发的冲动购买行为；因为喜欢，头脑一热就买了，事后有些后悔
3	旅游开心所致	有时候出去玩就是图个开心；觉得旅游购物、开心就好；认为出来旅游就是消费，心情放松，并没有考虑过多；觉得出来玩，放肆一下也无可厚非；当时觉得好看就买了，旅游图的就是开心嘛；因为出门旅游就是放松自己，让自己开心的时光；既然来了也就不太想亏待自己
4	被卖家（导游）说服	老板的介绍很吸引人；导游的极力吹捧，不能理性思考；根据卖者的讲述，突然就想买了；被鼓动；被导游蛊惑；销售人员嘴厉害，说得我不得不买；在消费时被销售说服，不经思考买下东西；在听到售货员吸引人的描述后冲动买下了不怎么需要的东西；觉得豪华酒店被介绍得很舒适
5	心情不好时	心情不好的时候；心情不好的时候有这种冲动
6	价格便宜	折扣吸引力太大；专柜有打折活动；我觉得这件商品物超所值；当时可能觉得便宜；有时候因为便宜，打折、降价、心动便购买了

续表

序号	初始概念	原始语句（例举）
7	商品新奇	图一时新鲜买了，用过一次后，就再也没用了；当时看着比较好奇，就买下了，导致冲动消费；因为想要试一试，满足一下自己的好奇心；物品吸引力强，好奇心过重；看见新鲜事物一时冲动就消费了；看到商品较为新奇、有趣就购买，未考虑其实用性，买后闲置在家
8	旅游地氛围	为符合旅游地的氛围；在环境、风景的衬托下，在当地的文化氛围影响下想要购买；或许是那里的环境的衬托，觉得出行一次总要带回些什么做纪念
9	一时兴起	冲动；激动；经常克制不住自己消费的冲动；冲动；就是一念之间；情绪过度，引起冲动消费；就有突然想买的想法和冲动，拦也拦不住；看到的一瞬间突然想消费；头脑一热，冲动消费；突然喜欢而购买；兴致到了，实际很没必要
10	资金充足	资金也充足；有钱
11	虚荣心	可能是为了满足自己的虚荣；为了满足一下自己的虚荣心，体验一下新鲜感；从众消费行为，碍于面子进行消费；可能因为攀比心理；有时也会有虚荣心，进行攀比
12	害怕错过	总是觉得过了这村没这店，再想有相似消费的机会很少；觉得错过了自己会难过，实际买了又没用；喜欢，怕以后买不到
13	商品品牌影响力	产品的品牌效应
14	旅游体验需要	旅游有时候就是一种奢侈，预算多就住好酒店；为了住得更舒适，旅游心情能愉悦；体验高档消费的感觉；想偶尔改善一下住宿体验；偶尔想给自己"放个假"，体验一下更好的居住环境
15	当时以为有用	当时觉得有用，过段时间就再没用过；以为以后能用得到；总以将来有一天会用到为理由；当时觉得能用到就买了，回来后变成了闲置品；为日后可能用到做打算；我以为会用到

表 6-12　适度消费意向与行为差距原因分析主范畴编码表

主范畴	范畴化	初始概念
他人因素	他人影响	从众心理、被卖家（导游）说服、虚荣心
产品因素	商品特性	商品让人喜欢、商品新奇、价格便宜、商品品牌影响力
旅游情境因素	旅游特殊心境	旅游开心所致、害怕错过、旅游体验需要、旅游地氛围
个人因素	冲动心理	一时兴起、当时以为有用
	情绪状态	心情不好时
	资金原因	资金充足

由表 6-12 可看出，旅游者适度消费意向与行为差距形成的原因主要来自四个方面：

（1）他人因素的影响。旅游者在旅游过程中无法做到适度消费，常常会受到他人的影响，同行人会引发旅游者的从众心理与虚荣心，如"相信群众的眼睛是雪亮的，别人买我也想要""有时也会有虚荣心，进行攀比"；卖家（或导游）的推荐会令旅游者"不能理性思考"，导致"根据卖者的讲述，突然就想买了"。可见，他人的影响是旅游者在适度消费维度方面不能做到意向与行为保持一致的重要原因。

（2）产品因素的影响。产品自身所具有的特性，如"商品较为新奇、有趣""折扣吸引力太大"等，使旅游者被吸引、被打动，进而由于"对物品的喜爱导致非理性消费行为"。简言之，物美价廉造成了旅游者适度消费意向与行为的差距。

（3）旅游情境因素的影响。旅游给予了旅游者不同于惯常环境下的心境体验，在这样的特殊心境下，加之旅游地氛围的烘托，旅游者"为了符合旅游地的氛围"，在倾向上往往想摆脱日常生活的"清规戒律"（谢彦君，1998），例如适度消费，他们"认为出来旅游就是消费，心情放松，并没有考虑过多""旅游有时候就是一种奢侈，预算多就住好酒店"。因此，在旅游情境下，旅游者寻求开心、体验的心境，以及"总觉得过了这村没这店，再想有相似消费的机会很少"的心理共同造成了其适度消费意向与行为的差距。

（4）个人因素的影响。旅游者的冲动心理（如"一时兴起"）、情绪状态（如"心情不好时"）以及资金状况（如"有钱"）等个人因素都会影响适度消费意向与行为差距的形成。

3. 促进当地人增收意向与行为差距的原因分析

我们共获取了 483 条有关没有促进当地人增收消费行为原因的文本数据，通过编码小组的逐级编码，形成了如表 6-13 所示的初始概念编码表和如表 6-14 所示的主范畴编码表。

表6-13 促进当地人增收意向与行为差距原因分析初始概念编码表

序号	初始概念	原始语句（例举）
1	未考虑增加当地人的收入	我购买过手工艺品，但不是为增加他们的收入；更多地注重手工艺品的价值、纪念意义，是否增加他们的收入没有考虑过；不会刻意为了增加当地人的收入去购买；没有那么高的境界去增加他人的收入；虽购买当地的水果，但不是为了增加他们的收入
2	没有充足的资金	考虑到自己旅游经费有限，因而没买；经济条件不允许；自己可支配的收入不是很多，如果不喜欢就不买；没有经济来源，无钱购买；因为自己也没有钱；资金有限
3	单纯为了留念而购买	只是想给自己留作纪念；更多的是给自己留一份回忆；只是单纯想留作纪念；就是为纪念一下；只是喜欢留作纪念；只是为了收藏
4	商品不讨喜	没有特别喜欢的东西，现在手工艺品大同小异；民间艺人制作的手工艺品质量与款式不符合我的审美；没有太多看中的商品；小型商店里一般买不到我太中意的；个人不喜欢农产品；没有很打动自己的工艺品，所以没买，觉得没必要
5	单纯因喜欢而购买	买了，但不是因为增加他们的收入，是因为我喜欢；买手工艺品是因为喜欢；喜欢物品而买，不是为了增加当地人的收入；买手工艺品是单纯因为自己喜欢；个人喜好而已；买手工艺品完全是觉得好看，当作纪念品，并没有想到要增加他们的收入；很喜欢吃水果
6	没有需要	对当前的我来说没有太大的需要；一般去旅游时我只会买当地的纪念品或手工艺品等，当前的我不太需要农产品；没有需求
7	价格高昂	价格太高；价格昂贵；手工艺品有点贵；当地的特色手工艺品大多有点小贵；没有遇到喜欢的，有的价格是平时的3~4倍，不值；从未在旅游地的小商店买过东西，因为贵；太贵，一般水之类都自己带
8	商品不实用	不实用；不实用，家里有很多、没处放；对我来说不实用
9	没有购买兴趣	对农产品不感兴趣；对此本人不怎么感兴趣；没有兴趣；对农产品兴趣不大，较喜欢装饰品；对特色农产品兴趣不高；水果并不吸引我
10	商品无特色	当地手工艺品没有特色；遇到的手工艺品大多相似或相同，无太多新意；手工艺品没有当地特色，并不吸引我
11	单纯买来送人	给朋友带礼物；购买特色农产品是想回家给家人或亲戚品尝，并不是为增加当地人的收入；购买当地特产仅仅是带回家给家人分享；想带回家和家人、朋友分享；送给朋友；买的目的是纪念、送人；为了给家人、朋友尝鲜
12	认为当地人收入并不低	他们收入并不低；我认为他们民间艺人的收入是很高的，且我不喜欢把钱花在我不喜欢或我不需要的东西上；因为旅游发展，当地小型商店并不会出现顾客稀少的现象；当地的特产并不缺市场，同时也不缺收入

序号	初始概念	原始语句（例举）
13	为体验特色而购买	购买手工艺品，并不是出于经济目的，而是为了感受文化气息；只是为了体验一下当地的特色；自己想体验特色产品、味道，比较新奇，买来尝尝；因为是特色，所以我会买来尝试，至于会不会增加当地人的收入我没有想；仅仅是为了体验，没有想其他；仅仅是为了体验一下当地水果的味道
14	当地人应自食其力	我觉得民间艺人也有自己的工作，应该自己挣钱
15	单纯为满足自身需要而购买	就是喜欢和需要；去小卖部购买商品的目的是满足自己需要；纯属个人需要；目的仅是当时需要，不会刻意为了增加当地收入而消费；买水果只是因为需要
16	旅游不能促进当地人增收	旅游并不能长期增加当地人的收入
17	商品不便携带	农产品不方便携带，旅行不适宜买；农产品不好携带；农产品很难携带；农产品不易携带；不方便带回来；旅途中水果不方便携带；水果体积大，不方便携带，会给行程带来麻烦
18	理性消费习惯	不会过多消费；我一般吃多少买多少，理性得很；我会合理消费；不需要就不买

表 6-14 促进当地人增收意向与行为差距原因分析主范畴编码表

主范畴	范畴化	初始概念
个人因素	缺乏意识	未考虑增加当地人的收入、单纯为了留念而购买、单纯因喜欢而购买、没有需要、没有购买兴趣、单纯买来送人、为体验特色而购买、单纯为满足自身需要而购买、理性消费习惯
	资金有限	没有充足的资金
	反对态度	当地人应自食其力、旅游不能促进当地人增收、认为当地人收入并不低
产品因素	商品特性	商品不讨喜、商品不实用、商品无特色、商品不便携带
	价格原因	价格昂贵

从表 6-14 可以看出，旅游者促进当地人增收意向与行为差距形成的原因主要来自两个方面：

（1）个人因素的影响。主要包括三个层面的内容：一是旅游者自身缺乏促进当地人增收的意识，他们仅从自身的偏好、需要、兴趣等角度出发，如"买手工艺品是单纯因为自己喜欢""纯属个人需要""对此本人不怎么感兴趣"等；二是旅游者资金有限，他们"自己可支配的收入不是很多，如果不喜欢就不买"；三是部分旅游者对通过旅游消费促进当地人增收持反对态度，他们认为"旅游并不能长期增加当地人收入""当地的特产并不缺市场，同时也不缺收入"，因此不主张为促进当地人增收而进行专门消费。

（2）产品因素的影响。主要包括两个层面的内容：一是旅游地商品不能令旅游者满意，商品或"不实用，家里有很多，没处放"，或"遇到的手工艺品大多相似或相同，无太多新意"，又或"水果体积大，不方便携带，会给行程带来麻烦"；二是商品价格偏高，如"从未在旅游地的小商店买过东西，因为贵""太贵，一般水之类都自己带"。

4. 尊重当地文化禁忌意向与行为差距的原因分析

我们共获取了33条关于旅游者尊重当地文化禁忌意向与行为差距原因的文本数据，通过编码小组的逐级编码，形成了如表6-15所示的初始概念编码表和如表6-16所示的主范畴编码表。

表6-15　尊重当地文化禁忌意向与行为差距原因分析初始概念编码表

序号	初始概念	原始语句（例举）
1	不了解文化禁忌	并不知道有哪些禁忌；没有特别了解当地饮食禁忌；自己未提前查明；有时不太了解，如若了解会认真遵守
2	没有意识	吃自己爱吃的；该吃什么还吃什么
3	没有提示	有些禁忌并未注明

表6-16　尊重当地文化禁忌意向与行为差距原因分析主范畴编码表

主范畴	范畴化	初始概念
个体因素	自身原因	不了解文化禁忌、没有意识
目的地因素	目的地原因	没有提示

从表6-16可以看出，旅游者尊重当地文化禁忌意向与行为差距形成的原因主要来自两个方面：

（1）个体因素的影响。主要包括两个层面的内容：首先是旅游者对目的地文化禁忌不了解，"并不知道有哪些禁忌"或"自己未提前查明"；其次是旅游者没有尊重目的地文化禁忌的意识，我行我素，"该吃什么还吃什么"。两者虽然在对问题的认知层面上存在差异，但均可解释行为的缺失。

（2）目的地因素的影响。目的地未能面向旅游者提供相关提示，以提醒旅游者注意尊重当地文化禁忌。

第三节　结论与讨论

依据理性行为理论和计划行为理论，一个人执行（或不执行）某一行为的意图是该行为的决定因素（Fishbein and Ajzen，1975；Ajzen，1985，1991），本书以此为理论基础，构建了旅游者社会责任消费意向影响机制模型。然而，在社会科学研究领域有一个持续存在的问题，即人们说到或想到他们应该做什么与他们真实地做到什么之间存在差距（Locke，1983），即意向与行为之间存在差距。基于此，我们应用历时研究方法，通过子研究三对旅游者社会责任消费意向与行为之间的关系进行了验证，并对意向与行为之间存在差距的原因进行了定性分析，研究结论如下：

第一，旅游者社会责任消费意向与行为之间存在一定差距。二元逻辑斯蒂回归分析结果表明，旅游者社会责任消费意向的不同维度对对应行为的预测并不理想：维护权益意向被证实是旅游者有无维护权益行为的重要预测变量，但有半数（51.5%）有意向者没有实施相应的行为；适度消费意向也被证实是旅游者有无适度消费行为的重要预测变量，但其与行为的关系却是负向的，有适度消费意向的被调查者中仅有23.6%的人进行了适度消费；促进当地人增收意向被证实是旅游者有无促进当地人增收行为的重要预测变量，但在全部有意向者中，仅有47.3%的人做出了促进当地人增收的行为，多于半数的人并未将其意向付诸实施；尊重当地文化禁忌意向被证实并不能作为该行为的预测变量，不论有无意向，人们都会做出尊重目的地文化禁忌的行为。研究结果再次证实了Roberts（1996）的论断，即"人们说了什么和最终做了什么常常是两回事"。我们就此得出结论，旅游者社会责任消费意向与行为之间存在差距，旅游者社会责任消费意向对行为具有部分而不是完全的预测力和解释力。

第二，个人因素、产品因素等多重因素综合促成了旅游者社会责任消费意向与行为的差距。从定性分析结果来看，旅游者社会责任消费意向的不同维度与对应行为的差距的影响因素各不同：维护权益方面，维权制度的建设与运行情况会制约旅游者开展维权行为，而旅游者害怕损失、担心后果、自我的不自信以及对维权抱持的消极态度等个人因素会抑制其实施维权行为；适度消费方面，他人因素（如从众心理）、产品因素（如产品新奇）、旅游情境因素（如害怕错过)、个人因素(如冲动心理)等均会促使旅游者做出非理性消费行为,进而违背适度消费意向;促进当地人增收方面,缺乏意识、资金有限、持反对态度等个人因素,以及商品特性上的不足、价格昂贵等产品因素会阻滞旅游者进行相关的消费;尊重当地文化禁忌方面,个体因素如缺乏意识、目的地因素如没有提示均会造成应有行为的缺失。Phillips 和 Bradshaw (1993) 指出,在购买意向向实际购买行为转化的过程中,个体与购买情境会产生相互作用,进而对消费者的决策制定产生影响。从研究结果来看,旅游者社会责任消费意向与行为差距的成因亦可归类为个体因素与外部因素,两者的互动最终影响了从意向到行为的转化。

第四节　本章小结

Davies 等 (2002) 指出,为什么个人经常不按照他们的意愿行事是社会心理学一直关注的问题。作为对这一问题的回应,本章开展了前后相距约 7 周的历时研究,以考察旅游者社会责任消费意向与行为的关系,以及促成两者差距的影响因素。在经历两个阶段的数据收集与整理后,首先对定量数据进行二元逻辑斯蒂回归分析,结果表明,旅游者社会责任消费意向的不同维度与行为确实存在差距,意向对行为具有部分而非完全的预测与解释能力;其次对定性数据进行逐级编码与归纳分析,分析结果表明,多重因素促成了意向与行为之间的差距,其中包括个体因素、制度因素、产品因素、他人因素、旅游情境因素、目的地因素等,这些因素分别影响、阻碍了不同维度的旅游者社会责任消费行为的发生。本章研究在回应学界共同关心的议题的同时,证实了意向与行为差距在旅游者社会责任消费研究领域同样存在。采用纵向的历时研究与定性研究方法也是对学界呼声的积极响应,研究结果使我们对旅游者社会责任消费意向与行为之间的关系有了更加深入、全面的认识。

第七章

结论、建议与展望

本书从现实中旅游者的负责任消费行为出发，结合社会责任消费相关概念、理论研究，提出了旅游者社会责任消费概念，即旅游者在购买、使用（体验）旅游产品和服务的过程中，重视其对环境、经济、社会、文化等方面的影响，自觉做到最大化积极影响、最小化消极影响的各种消费行为的集合。围绕这一核心概念，本书通过三个层层递进的子研究，对旅游者社会责任消费意向的测量量表、影响意向的因素与机制以及意向与行为之间的关系进行了深入的研究。子研究一通过规范的量表开发流程，获得了具有良好信度和效度的旅游者社会责任消费意向量表；子研究二基于计划行为理论、社会偏好理论以及规范激活理论构建并检验了旅游者社会责任消费意向的影响机制模型，同时还从旅游消费的异地性与暂时性特征出发，进一步验证了社会距离与时间压力对旅游者社会责任消费意向的影响效应；子研究三对旅游者社会责任消费意向与行为之间的关系进行了检验，并对两者之间形成差距的原因进行了探索。在前述章节完成以上研究的基础上，本章对全书的主要结论、理论贡献及管理启示进行了总结，并对本书的不足之处以及后续研究方向进行了梳理。

第一节　主要结论

本书主要结论包括以下六个方面：

第一，旅游者社会责任消费意向具有现实依据，这一意向既与一般社会责任消费意向相通，又具有自身的特殊性。子研究一成功开发了具有良好信度和效度的旅游者社会责任消费意向测量量表，这表明，本书提出的概念得到了实证数据的支持，旅游者社会责任消费意向具有现实基础，现实中的旅游者确实会有社会责任消费意向。从量表的四个维度来看，维护权益意向与适度消费意向常出现在一般的社会责任消费意向量表中，表明旅游者社会责任消费意向与一般社会责任消费意向具有相通性，旅游者社会责任消费意向与一般社会责任消费意向在某些领域的关注点是相同的；促进当地人增收意向与尊重当地文化禁忌意向为本量表所独有，两者均具有指向目的地的特性，体现了旅游者社会责任消费意向不同于一般社会责任消费意向的独特性，表明旅游者社会责任消费具有相对独立的问题属性与独特的研究价值。

第二，计划行为理论的核心变量——态度、主观规范与感知行为控制均对旅游者社会责任消费意向具有显著的正向影响。子研究二以计划行为理论为基本框架构建旅游者社会责任消费意向的影响机制模型。研究发现，计划行为理论的核心变量——态度、主观规范与感知行为控制均显著正向影响旅游者社会责任消费意向的四个维度。人们对旅游者社会责任消费行为抱持的态度越是积极、正面，他们在旅游消费过程中的社会责任消费意向就会越强；家人、朋友等重要影响群体越是赞成、期望他们在旅行中进行社会责任消费，他们的旅游者社会责任消费意向就越强；人们越是感觉自身有能力、有条件在旅游消费过程中执行社会责任消费行为，其旅游者社会责任消费意向就越强。另外，研究还证实，主观规范会通过态度的部分中介作用间接影响旅游者社会责任消费意向的四个维度。

第三，利他主义、道德义务均显著正向影响旅游者社会责任消费意向。依据社会偏好理论与规范激活理论，子研究二将利他主义、道德义务两个变量整合并入计划行为理论。数据分析结果证实，利他主义不仅显著正向直接影响旅游者社会责任消费意向的四个维度，而且会通过态度的中介作用对四个维度产生间接影响。道德义务对旅游者社会责任消费意向的四个维度均存在显著正向影响，同时在主观规范对旅游者社会责任消费意向四个维度的影响中起部分中介作用。从结构方程模型分析结果来看，模型与数据匹配良好，且相关研究假设均得到支持，表明该理论模型适用且能够有效预测旅游者社会责任消费意向。

第四，社会距离、时间压力对旅游者社会责任消费意向的部分维度存在显著负向影响。依据旅游消费的异地性与暂时性特征，本书在子研究二的后半部分提出假设并检验了社会距离、时间压力两个变量对旅游者社会责任消费意向四个维度的影响。研究结果证实，社会距离只对旅游者维护权益意向、促进当地人增收意向与尊重当地文化禁忌意向三个维度存在显著负向影响，即旅游者感知与目的地的社会距离越大，其维护权益意向、促进当地人增收意向以及尊重当地文化禁忌意向越弱；时间压力显著负向影响旅游者适度消费意向与尊重当地文化禁忌意向，即旅游者在旅游消费过程中感知到的时间压力越大，其适度消费意向、尊重当地文化禁忌意向越弱。虽然研究结果没有证实社会距离、时间压力会对旅游者社会责任消费意向的四个维度均产生显著负向影响，但也充分说明旅游消费的异地性、暂时性特征会对旅游者社会责任消费意向产生影响。

第五，旅游者社会责任消费意向与行为之间存在差距，意向并不能完全预测行为。子研究三应用历时研究方法对旅游者社会责任消费意向与行为的关系进行了检验，从二元逻辑斯蒂回归分析结果来看，尽管维护权益意向和促进当地人增收意向被证实可以预测对应行为，但预测效果并不理想，51.5%有维护权益意向者没有实施相应的行为，47.3%的有意向者做出了促进当地人增收的行为；适度消费意向被证实可以预测对应的行为，但两者之间的关系却是显著负向的；尊重当地文化禁忌意向则被证实不能作为对相应行为的预测变量。因此，我们认为旅游者社会责任消费意向与行为之间存在差距，但旅游者社会责任消费意向并不能完全预测行为，意向并不等同于行为。

第六，个体因素、产品因素等多重因素综合促成了旅游者社会责任消费意向与行为之间的差距。子研究三的定性分析结果表明，旅游者社会责任消费意向的不同维度与行为之间的差距受不同因素的影响与制约：维护权益意向与行为的差距受制度因素（如维权制度不完善）、个人因素（如害怕损失、担心后果、自我的不自信以及对维权抱持的消极态度等）的影响；适度消费意向与行为的差距受他人因素（如从众心理）、产品因素（如产品新奇）、旅游情境因素（如害怕错过）、个人因素（如冲动心理）等的影响；促进当地人增收意向与行为的差距受个人因素（如缺乏意识、资金有限、持反对态度）、产品因素（如商品特性上的不足、价格昂贵）的影响；尊重当地文化禁忌意向与行为的差距受个体因素（如缺乏意识）、目的地因素（如没有提示）的影响。这些因素对我们深入认识旅游者社会责任消费意向与行为的差距极具价值。

第二节　理论贡献

本书将社会责任消费概念引入旅游消费情境，提出旅游者社会责任消费概念，通过开发旅游者社会责任消费意向量表，构建影响意向的机制模型，检验意向与行为的关系，构筑了对旅游者社会责任消费的基本认识框架，在理论贡献上，主要体现在以下五个方面：

第一，拓展了旅游消费理论的研究范畴。本书将社会责任消费概念引入旅游消费情境，提出旅游者社会责任消费这一概念，为旅游消费理论研究提供了一个新的研究视角，拓宽了该领域的研究范畴。与此同时，本书开发了旅游者社会责任消费意向量表，实现了概念的可操作化，为后续研究的纵深发展提供了条件。

第二，深化了对旅游者社会责任消费意向影响机制的认识。本书整合计划行为理论、社会偏好理论与规范激活理论，构建旅游者社会责任消费意向影响机制模型，为加深对问题的认识提供了理论框架，也为该领域理论化程度的提升和理论体系的发展做出了一定的贡献。与此同时，本书从旅游消费的异地性与暂时性入手，通过理论演绎与实证分析，检验了社会距离与时间压力对旅游者社会责任消费意向的影响，在体现旅游学科特殊性的同时，为旅游理论研究提供了新的研究思路与视角。

第三，实现了对相关理论的整合，拓展了相关理论的应用情境与适用边界。本书依据社会偏好理论、规范激活理论，将利他主义、道德义务整合进入计划行为理论，成功构建了旅游者社会责任消费意向影响机制模型。这既是一次对相关理论的整合发展，也是对这些理论应用于旅游情境下，解释、预测旅游者亲社会行为意向的一次成功检验。

第四，检验了意向与行为的关系，丰富了对两者差距成因的认识。尽管很多学者早已意识到了意向与行为之间存在差距，但有关检验两者之间关系的实证研究却并不多。本书通过历时研究对这一问题作出了回应，证实了差距的存在，在一定程度上强化了我们对意向与行为之间关系的认识。本书通过定性分析两者差距形成的影响因素，基本打开了旅游者社会责任消费由意向到行为之间的"黑箱"，对于丰富人们对两者差距成因的理论认识具有积极贡献。

第五，发展了可持续旅游理论。本书突破以往讨论可持续旅游或局限于环保领域，或将责任分散于多重利益相关者的局限性，将研究的关注点聚焦旅游活动主体——旅游者，从旅游消费视角入手，提出并研究旅游者社会责任消费议题，既避免了环保议题的局限性，又规避了多重责任主体造成的责任分散问题。因此，本书的研究为可持续旅游提供了一套新的选择路径，是对可持续旅游理论的一种创新与发展。

第三节 管理启示

本书在提出旅游者社会责任消费概念的基础上，构建旅游者社会责任消费意向影响机制模型，检验意向与行为之间的关系，并通过定性分析探索意向与行为差距的成因，研究结果对实践管理具有启示意义，具体包括以下四点：

第一，本书研究结果显示，旅游者社会责任消费意向包括维护权益、适度消费、促进当地人增收和尊重当地文化禁忌四个维度，旅游者在旅游消费过程中对在这四个方面承担社会责任具有较强意愿。基于此，旅游目的地管理部门、非政府公益组织等机构在开展宣传、引导、服务工作中，应该有所侧重，做到"投其所好"，使旅游者社会责任消费意向得到强化并最终付诸行动。

第二，本书构建的旅游者社会责任消费意向影响机制模型表明，利他主义、道德义务、对旅游者社会责任消费行为的态度、重要意见群体给予其实施这一行为的压力以及旅游者自身对执行这一行为难易程度的感知都会对其社会责任消费意向产生直接或间接影响。可以看出，除重要意见群体形成的压力外，其他因素均来自旅游者自身，因此我们可以尝试从两个方面展开"攻势"：一方面，要加强面向旅游者的宣传与教育，使其逐渐认识、认可旅游者社会责任消费的正面意义，培养实施这一行为的道德义务感，同时要使其了解这是一项低实施成本的行为；另一方面，从群体压力着手，营造鼓励旅游者社会责任消费的社会氛围，特别地，要引导相关网络平台形成拥护实施这一行为的舆论氛围。

第三，本书从旅游消费的异地性与暂时性特征出发，通过理论演绎与实证检验发现，社会距离和时间压力会对旅游者社会责任消费意向有一定的消极影响。随着感知社会距离的增加，旅游者维护权益意向、促进当地人增收意向与尊重当地文化禁忌意向减弱，而随着时间压力感知水平的增加，旅游者适度消费意向和尊重当地文化禁忌意向也会减弱。基于此，从降低感知社会距离水平角度考虑，旅游目的地一方面应做持续面向目标市场的旅游宣传，并适当地增加目的地社会生活、人文习俗等方面的宣传内容；另一方面应采取措施增进主客双方的交流互动，积极疏通游客与社区居民之间的交流通道。从降低旅游者的时间压力感知水平角度考虑，一方面应积极推动产业转型升级，倡导、鼓励旅行代理机构推出"纯玩团""深度游"等游客旅行时间相对宽松的旅游产品；另一方面可在供给条件允许的情况下积极开拓度假旅游市场。

第四，本书子研究三的研究结果表明，旅游者社会责任消费意向并不能完全预测行为，多重因素影响、制约着从意向向行为的转化。①制度因素（如投诉机制不健全）和个体因素（如顾虑投诉造成的不利后果）影响旅游者维权行为的实施。对此，旅游目的地应尽快建立、完善旅游者维权制度，提高旅游投诉的处理与反馈效率，建议充分利用移动互联网技术，建立即时、高效的维权服务平台，以提高旅游者的维权信心与维权积极性。②他人因素（如从众心理）、产品因素（如产品新奇）、旅游情境因素（如害怕错过）与个体因素（如一时兴起）会减弱旅游者的适度消费行为。这些因素往往与特定的购物情境有关，如被卖家说服、商品打折、旅游地的特殊氛围、个人心情状态等，具有一定的不确定性。因此，要将目光放长远，采取持续、有效措施，全面培养、提高旅游者的适度消费意识。③个体因素（如缺乏意识）、产品因素（如商品不实用）会阻碍旅游者促进当地人增收行为的发生。对此，要通过有效途径让旅游者了解目的地低收入人群真实的生活状态。另外，旅游目的地方面应鼓励、引导、帮助当地低收入者生产、制作、销售具有地方特色的、实用的、便于携带的旅游商品，并帮助他们搭建销售平台。④个体因素（如不了解当地文化禁忌）和目的地因素（如未作提示）会使旅游者履行尊重目的地文化禁忌的行为变得困难。鉴于此，旅游目的地方面应加强当地文化禁忌、习俗、礼仪等方面的宣传与提示，如可通过开发文创产品讲述禁忌故事，通过微信朋友圈、小视频软件等移动互联 App 进行形式多样的提醒服务等。

第四节　不足与展望

本书在研究范围、研究设计以及研究深度等方面还存在一定的不足，这些不足为后续研究指明了需要改进和拓展的方向。

第一，本书提出旅游者社会责任消费的概念，最终目的是推动这一行为蔚然成风。因此，研究旅游者社会责任消费行为的影响机制至关重要和紧迫。需要说明的是，考虑到改革开放以来我国旅游发展仅有四十多年的历史，旅游者社会责任消费行为初露端倪，尚不多见，研究行为恐难获取足量样本；另外，若要研究客观行为，需要进行实地观察与调研，而在整体行为样本较为稀缺的情况下，开展这项工作有可能耗费很多的时间、精力而所获寥寥。所以，本书最终依据计划行为理论，以及国内学者提出的我国消费者社会责任消费意识已经觉醒的论断，选择将旅游者社会责任消费意向作为主要研究对象。尽管如此，我们在后续的研究中还是要多关注旅游者社会责任消费行为及其影响机制，相信随着旅游活动的持续开展，旅游者社会责任消费行为会日渐增多，未来的行为研究将更容易操作。

第二，本书在子研究二中分两部分考察了旅游者社会责任消费意向的影响因素与作用机制。其中第一部分将利他主义、道德义务整合进入计划行为理论，构建了较为完整的影响机制模型，第二部分单独检验了由旅游消费异地性、暂时性特征引申而来的两个变量对旅游者社会责任消费意向的影响作用，这两个变量即社会距离和时间压力。本书存在的第二个不足或遗憾即是没有将后面的两个变量一并整合到第一部分的影响机制模型当中。其原因在于：本书的一个重要论点和研究目的是专门提出并检验旅游消费异地性、暂时性特征对旅游者社会责任消费意向的影响，因此社会距离、时间压力被作为直接前因变量进行检验，如果并入第一部分的模型中，这两个变量则更适合作为调节变量，其对因变量的直接作用将无法验证。因此，为了构建一个更加周密、更具旅游学科特色的理论模型，后续研究可尝试将社会距离、时间压力作为调节变量引入旅游者社会责任消费意向影响机制模型。

第三，本书在子研究三中选用学生样本检验旅游者社会责任消费意向与行为之间的关系存在一定不足：一是学生样本的代表性不是很高；二是采用自报告式问卷调查旅游者行为可能会对数据的客观性有所干扰。因此，建议后续研究尽可能扩大样本范围与数量，同时采用更为可靠的研究方法（如实地观察法）来研究旅游者的真实行为。此外，子研究三通过开放式问卷获取了一定数量的定性数据，这些数据良好地呈现了旅游者社会责任意向向行为转化的影响因素。然而，如果通过深度访谈的方法进行数据采集，将有可能将研究推向深化，进一步梳理出影响因素之间存在的因果关系。因此，希望后续研究能够采用深度访谈法对包含学生样本在内的多种类样本展开研究。

第四，受研究条件的限制，本书子研究一、子研究二均以对横截面数据的数理统计与分析为主，因此难以证明所开发的量表和验证的因果关系具有良好的稳定性，为进一步检验相关研究结论，可采用纵向研究方法展开深入分析。Roberts（1995）指出，社会责任消费的内涵具有动态变化性。因此，未来可以利用纵向数据持续开发新的旅游者社会责任消费意向测量量表，并通过纵向比较发现这一概念内涵的动态发展规律。

附　录

附录 A　旅游者社会责任意向量表开发调查问卷

旅游消费意向调查问卷（一）

尊敬的女士/先生：

　　您好！感谢您从繁忙的工作中抽出时间参与本次问卷调查。这次调查的目的是了解我国公民在旅游时的消费意向。您的真实想法将对本次研究起到莫大的帮助。

　　本问卷匿名填写，答案不分对错，且您提供的信息仅用于学术研究，所以请根据自己的真实感受放心回答。

　　请不要遗漏任何一个题项。再次衷心感谢您的热心协助！

南开大学旅游与服务学院

一、设想您即将展开一次旅行，请根据题项陈述与您真实想法的一致情况做出选择，并在相应位置画"√"。

序号	题项	完全不可能	不可能	不好说	有可能	极有可能
1	旅游时，我会做到入乡随俗	1	2	3	4	5
2	我会购买旅游地民间艺人制作的手工艺品，以增加他们的收入	1	2	3	4	5
3	为净化市场环境，我只购买正规旅行社提供的"一日游"产品	1	2	3	4	5
4	旅游时，有人会因旅游地商品价格低廉而大量购买，对我而言	1	2	3	4	5
5	住酒店时，我会随手关灯，以节约用电	1	2	3	4	5
6	如果遭遇"强制消费"，我会向监管部门投诉	1	2	3	4	5
7	我会照顾旅游地小型商店（如小卖部）的生意，以增加当地人的收入	1	2	3	4	5
8	我会遵守旅游地的饮食禁忌	1	2	3	4	5
9	旅游时，有人会冲动消费，购买不实用的产品，对我而言	1	2	3	4	5
10	如遇景区（点）随意涨价，我会向有关部门反映	1	2	3	4	5
11	我会节约使用酒店提供的卫生纸	1	2	3	4	5
12	旅游购物时，有人会跟风消费，购买并不会用到的产品，对我而言	1	2	3	4	5
13	在民族地区旅游时，我会遵守民族禁忌	1	2	3	4	5
14	我会购买当地的特色农产品，以增加当地人的收入	1	2	3	4	5
15	为净化市场环境，我只会在正规的旅游纪念品商店购物	1	2	3	4	5
16	发现旅游企业存在虚假宣传时，我会向主管部门投诉	1	2	3	4	5
17	参团旅行时，如遇旅行社擅自减少旅游景点，我会向有关部门投诉	1	2	3	4	5
18	旅游时，有人会住明显超出自己惯常消费水平的豪华酒店，对我而言	1	2	3	4	5
19	在宗教场所游览时，我会遵守宗教禁忌	1	2	3	4	5
20	如遇导游强行索要小费，我会向有关部门投诉	1	2	3	4	5
21	我会购买当地的水果，以增加当地人的收入	1	2	3	4	5
22	住酒店时，我会控制冲澡时间，以节约用水	1	2	3	4	5
23	为净化市场环境，我只购买有质量保证的旅游纪念品	1	2	3	4	5
24	发现所购旅游纪念品存在质量问题时，我会找商家要求赔偿	1	2	3	4	5
25	旅游时，有人会为了炫耀而购买不会用到的产品，对我而言	1	2	3	4	5
26	住酒店时，如果不看电视，我会将其关闭，以节约用电	1	2	3	4	5
27	参加旅游地民俗节事活动时，我会征得允许后再拍照	1	2	3	4	5

二、请依据下列陈述与您一贯行为方式的异同做出选择，并在相应位置画"√"。

序号	题项	是	否
1	我总是愿意承认自己所犯的错误	1	0
2	我总是尽力说到做到	1	0
3	我从不记恨让我给予回报的人	1	0
4	别人提出不同看法，我从不会感到厌烦	1	0
5	我从不故意说伤害别人的话	1	0
6	我有时爱传闲话	1	0
7	我偶尔会占别人的便宜	1	0
8	有时我也会记恨别人，而不是原谅或遗忘	1	0
9	我有时会固执地坚持自己的观点	1	0
10	我有时很想破坏东西	1	0

三、请依据您对下列陈述重要性的判断做出选择，并在相应位置画"√"。

序号	题项	根本不重要	不重要	中立	重要	非常重要
1	即使结果不会得到对个人的赏识，也要为集体目标竭尽全力	1	2	3	4	5
2	做使集体中大多数人都受益的事情，甚至自掏腰包	1	2	3	4	5
3	帮助集体中需要帮助的人	1	2	3	4	5

四、以下是有关个人信息的调查，请在对应的内容上画"√"。

题项	选项					
您每年平均出游次数	没有	1次	2~3次		4次及以上	
您的性别	男		女			
您的年龄	24岁及以下	25~34岁	35~44岁	45~54岁	55~64岁	65岁及以上
您的月收入水平是	3000元及以下	3001~5000元	5001~7000元	7001~9000元	9001元及以上	没有收入不便作答
您的受教育程度	初中及以下	高中	大专	本科	研究生	
您的职业	企业员工	公务员事业	单位职工	学生	其他	

再次感谢您的配合，祝您生活愉快！

附录B 旅游者社会责任消费意向影响机制调查问卷

旅游消费意向调查问卷（二）

尊敬的女士/先生：

您好！感谢您从繁忙的工作中抽出时间参与本次问卷调查。本次调查的目的是了解我国公民的旅游消费意向，我们期待您的真实想法。

本问卷匿名填写，答案不分对错，且您提供的信息仅用于学术研究，所以请根据自己的真实感受放心回答。

请不要遗漏任何一个题项。再次衷心感谢您的热心协助！

南开大学旅游与服务学院

一、在未来的旅行活动中，您会去做下面这些事情吗？请在相应位置画"√"。

序号	题项	完全不可能	不可能	不好说	可能	极有可能
1	我会购买旅游地民间艺人制作的手工艺品，以增加他们的收入	1	2	3	4	5
2	如果遭遇"强制消费"，我会向监管部门投诉	1	2	3	4	5
3	我会照顾旅游地小型商店（如小卖部）的生意，以增加当地人的收入	1	2	3	4	5
4	我会遵守旅游地的饮食禁忌	1	2	3	4	5
5	旅游时，有人会冲动消费，购买不会用到的产品，对我而言	1	2	3	4	5
6	如遇景区（点）随意涨价，我会向有关部门反映	1	2	3	4	5
7	旅游购物时，有人会跟风消费，购买并不会用到的产品，对我而言	1	2	3	4	5
8	在民族地区旅游时，我会遵守民族禁忌	1	2	3	4	5
9	我会购买当地的特色农产品，以增加当地人的收入	1	2	3	4	5
10	发现旅游企业存在虚假宣传时，我会向主管部门投诉	1	2	3	4	5
11	参团旅行时，如遇旅行社擅自减少旅游景点，我会向有关部门投诉	1	2	3	4	5

序号	题项	完全 不可能	不可能	不好说	可能	极有 可能
12	旅游时，有人会住明显超出自己惯常消费水平的豪华酒店，对我而言	1	2	3	4	5
13	在宗教场所游览时，我会遵守宗教禁忌	1	2	3	4	5
14	如遇导游强行索要小费，我会向有关部门投诉	1	2	3	4	5
15	我会购买当地的水果，以增加当地人的收入	1	2	3	4	5
16	旅游时，有人会为了炫耀而购买不会用到的产品，对我而言	1	2	3	4	5

二、您有过下面这些行为吗？请在相应位置画"√"。

序号	题项	从来 没有	很少有	有过 几次	多次	很多次
1	我曾在乘车（火车或汽车）时帮陌生人放置行李	1	2	3	4	5
2	我曾帮助老年人拿较沉的行李	1	2	3	4	5
3	我曾教陌生人怎样使用自动贩卖机或自动售票机	1	2	3	4	5
4	我曾向慈善机构捐赠衣物	1	2	3	4	5
5	我曾为陌生人挡住电梯门以让他进来	1	2	3	4	5
6	我曾在乘车（公交车或火车）时为站着的人让座	1	2	3	4	5

三、请根据给出的概念及定义作出选择。

社会责任消费行为是指在购买、使用（体验）旅游产品和服务的过程中，重视对环境、经济、社会、文化等方面的影响，自觉做到最大化积极影响、最小化消极影响的各种消费行为的集合。

（一）您对下列问题如何评价？请在相应位置画"√"。

序号	题项	完全 不同意	不同意	难说	同意	完全 同意
1	我认为旅游者进行社会责任消费是有益的	1	2	3	4	5
2	对我而言，旅游时进行社会责任消费令人开心	1	2	3	4	5
3	我认为旅游者进行社会责任消费是好事	1	2	3	4	5
4	我认为旅游者进行社会责任消费是有价值的	1	2	3	4	5
5	我认为旅游者进行社会责任消费是明智的	1	2	3	4	5

（二）您对下面的表述如何评价？请在相应位置画"√"。

序号	题项	完全不同意	不同意	难说	同意	完全同意
1	那些对我重要的人都会认为我在旅游时应该进行社会责任消费	1	2	3	4	5
2	那些对我重要的人都会希望我在旅行时进行社会责任消费	1	2	3	4	5
3	那些对我有重要影响的人都会赞同我在旅行时进行社会责任消费	1	2	3	4	5

（三）您对下面的陈述有何看法？请在相应位置画"√"。

序号	题项	完全不同意	不同意	难说	同意	完全同意
1	我认为旅游者进行社会责任消费是很容易的事情	1	2	3	4	5
2	旅游时只要我愿意，我可以很容易地进行社会责任消费	1	2	3	4	5
3	我认为旅游时进行社会责任消费可以完全由我自己决定	1	2	3	4	5
4	我拥有旅游时采取社会责任消费的时间	1	2	3	4	5
5	我拥有旅游时采取社会责任消费的金钱	1	2	3	4	5

（四）您如何评价下面的表述？请在相应位置画"√"。

序号	题项	完全不同意	不同意	难说	同意	完全同意
1	我觉得我有道德义务在旅游时进行社会责任消费	1	2	3	4	5
2	我觉得我应该在旅游时进行社会责任消费	1	2	3	4	5
3	根据我的价值观，我有责任和义务在旅游时进行社会责任消费	1	2	3	4	5
4	我觉得我有责任在旅游时进行社会责任消费	1	2	3	4	5
5	旅游时不进行社会责任消费会让我感到愧疚	1	2	3	4	5
6	我觉得普通大众在旅游时进行社会责任消费是很重要的	1	2	3	4	5
7	旅游时不进行社会责任消费有违我的做人原则	1	2	3	4	5

四、以下是有关个人信息的调查，请在相应位置画"√"。

序号	题项	选项			
1	您每年平均出游次数	没有	1次	2~3次	4次及以上
2	您的性别	男		女	
3	您的年龄	24岁及以下	25~34岁	35~44岁	45~54岁 55~64岁 65岁及以上

序号	题项	选项						
4	您的月收入水平	3000元及以下	3001~5000元	5001~7000元	7001~9000元	9001元及以上	没有收入	不便作答
5	您的受教育程度	初中及以下	高中	大专	本科	研究生		
6	您的职业	企业员工	公务员	事业单位职工	学生	其他		

再次感谢您的热心协助，祝您生活愉快！

附录 C 旅游消费特征对旅游者社会责任消费意向的影响调查问卷

旅游消费意向调查问卷（三）

尊敬的女士/先生：

欢迎来到"壮美内蒙古"，对于您身处祖国"最亮风景线"仍能抽身参与本次调查，我们深表敬意。本次调查的目的是了解我国公民的旅游消费意向，我们期待您的真实想法。

本问卷匿名填写，答案不分对错，且您提供的信息仅用于学术研究，所以请根据自己的真实感受放心回答。

请不要遗漏任何一个题项。再次衷心感谢您的热心参与！

南开大学旅游与服务学院

一、以下是有关您和旅游地居民互动的情景描述，请根据您的真实想法在相应位置画"√"。

序号	题项	一点也不喜欢	不喜欢	无所谓	喜欢	非常喜欢
1	被邀请到他们的家里做客	1	2	3	4	5
2	邀请他们到我家做客	1	2	3	4	5
3	与他们一起运动（如跑步）	1	2	3	4	5
4	与他们共享设施（如公共汽车）	1	2	3	4	5
5	参加他们的家庭聚会	1	2	3	4	5
6	与他们有一段亲密的私人关系	1	2	3	4	5
7	与他们共同用餐	1	2	3	4	5
8	和他们成为朋友	1	2	3	4	5
9	和他们在公共场合聊天	1	2	3	4	5

序号	题项	一点也 不喜欢	不喜欢	无所谓	喜欢	非常喜欢
10	和他们交换礼物和信件	1	2	3	4	5
11	和他们仅有业务上的联系	1	2	3	4	5
12	和他们完全没有接触	1	2	3	4	5

二、请根据您的真实体会，在相应位置画"√"。

序号	题项	完全不同意	不同意	难说	同意	非常同意
1	我在本地的旅行生活很匆忙	1	2	3	4	5
2	我在本地的旅行有很多空闲时间	1	2	3	4	5
3	我像"打仗"一样奔跑在不同的景点间	1	2	3	4	5
4	旅行中我有足够的时间做我想做的事情	1	2	3	4	5
5	我在本地的旅行生活很从容	1	2	3	4	5
6	我在本地每天的旅行生活很紧张	1	2	3	4	5
7	我有足够的时间细细品味旅游地	1	2	3	4	5
8	我觉得旅行是一件很忙碌的事情	1	2	3	4	5

三、在本地接下来的旅行中，您会去做下面的事情吗？请在相应位置画
"√"。

序号	题项	完全 不可能	不可能	不好说	可能	极有 可能
1	我会购买旅游地民间艺人制作的手工艺品，以增加他们的收入	1	2	3	4	5
2	如果遭遇"强制消费"，我会向监管部门投诉	1	2	3	4	5
3	我会照顾旅游地小型商店（如小卖部）的生意，以增加当地人的收入	1	2	3	4	5
4	我会遵守旅游地的饮食禁忌	1	2	3	4	5
5	旅游时，有人会冲动消费，购买不会用到的产品，对我而言	1	2	3	4	5
6	如遇景区（点）随意涨价，我会向有关部门反映	1	2	3	4	5

序号	题项	完全不可能	不可能	不好说	可能	极有可能
7	旅游购物时，有人会跟风消费，购买并不会用到的产品，对我而言	1	2	3	4	5
8	在民族地区旅游时，我会遵守民族禁忌	1	2	3	4	5
9	我会购买当地的特色农产品，以增加当地人的收入	1	2	3	4	5
10	发现旅游企业存在虚假宣传时，我会向主管部门投诉	1	2	3	4	5
11	参团旅行时，如遇旅行社擅自减少旅游景点，我会向有关部门投诉	1	2	3	4	5
12	旅游时，有人会住明显超出自己惯常消费水平的豪华酒店，对我而言	1	2	3	4	5
13	在宗教场所游览时，我会遵守宗教禁忌	1	2	3	4	5
14	如遇导游强行索要小费，我会向有关部门投诉	1	2	3	4	5
15	我会购买当地的水果，以增加当地人的收入	1	2	3	4	5
16	旅游时，有人会为了炫耀而购买不会用到的产品，对我而言	1	2	3	4	5

四、以下是有关个人信息的调查，请在相应位置画"√"

序号	题目	选项					
1	您每年平均出游次数	没有	1次	2~3次	4次及以上		
2	您的性别	男		女			
3	您的年龄	24岁及以下	25~34岁	35~44岁	45~54岁	55~64岁	65岁及以上
4	您的月收入水平	3000元及以下	3001~5000元	5001~7000元	7001~9000元	9001元及以上	没有收入 / 不便作答
5	您的受教育程度	初中及以下	高中	大专	本科	研究生	
6	您的职业	企业员工	公务员	事业单位职工	学生	其他	

再次感谢您的热心协助，祝您旅途愉快！

附录 D 旅游者社会责任消费意向调查问卷

旅游消费意向调查问卷（四）

同学：

你好！非常感谢你参与本次问卷调查。本次调查的目的是了解我国旅游者的旅游消费意向，很期待看到你的真实想法。

你提供的信息仅用于学术研究，答案不分对错，所以请根据自己的真实感受放心回答。

共 16 道题，请不要遗漏任何一个题项。再次衷心感谢你的热心协助！

南开大学旅游与服务学院

在近期安排的旅行活动中，你会去做下面这些事情吗？请在相应位置画"√"

序号	题项	完全不可能	不可能	不好说	可能	极有可能
1	我会购买旅游地民间艺人制作的手工艺品，以增加他们的收入	1	2	3	4	5
2	如果遭遇"强制消费"，我会向监管部门投诉	1	2	3	4	5
3	我会照顾旅游地小型商店（如小卖部）的生意，以增加当地人的收入	1	2	3	4	5
4	我会遵守旅游地的饮食禁忌	1	2	3	4	5
5	旅游时，有人会冲动消费，购买不会用到的产品，对我而言	1	2	3	4	5
6	如遇景区（点）随意涨价，我会向有关部门反映	1	2	3	4	5
7	旅游购物时，有人会跟风消费，购买并不会用到的产品，对我而言	1	2	3	4	5
8	在民族地区旅游时，我会遵守民族禁忌	1	2	3	4	5

续表

序号	题项	完全 不可能	不可能	不好说	可能	极有 可能
9	我会购买当地的特色农产品，以增加当地人的收入	1	2	3	4	5
10	发现旅游企业存在虚假宣传时，我会向主管部门投诉	1	2	3	4	5
11	参团旅行时，如遇旅行社擅自减少旅游景点，我会向有关部门投诉	1	2	3	4	5
12	旅游时，有人会住明显超出自己惯常消费水平的豪华酒店，对我而言	1	2	3	4	5
13	在宗教场所游览时，我会遵守宗教禁忌	1	2	3	4	5
14	如遇导游强行索要小费，我会向有关部门投诉	1	2	3	4	5
15	我会购买当地的水果，以增加当地人的收入	1	2	3	4	5
16	旅游时，有人会为了炫耀而购买不会用到的产品，对我而言	1	2	3	4	5

再次感谢参与，祝天天好心情！

姓名_____性别_____专业_____年级_____

附录 E 旅游者社会责任消费行为调查问卷

旅游消费行为调查问卷

同学:

你好! 非常感谢你参与本次问卷调查。本次调查的目的是了解旅游者的旅游消费行为,很期待看到你的真实答案。

你提供的信息仅用于学术研究,答案不分对错,所以请根据自己的真实经历放心回答。

问卷共16道题,请不要遗漏任何一个题项。再次衷心感谢你的热心协助!

南开大学旅游与服务学院

在过去数周你所参加的旅行活动中,你有做过下面这些事情吗? 如果"有",在相应位置画"√"即可,如果"没有",请在相应位置画"√",并请写下"没有"的原因。

特别提醒:5、7、12、16题需要写下"有"的原因,如果"没有"则画"√"即可。

序号	题项	答案	
1	我购买了旅游地民间艺人制作的手工艺品,为的是增加他们的收入	有	没有
	没有的原因:		
2	遭遇"强制消费",我向监管部门进行了投诉	有	没有
	没有的原因:		
3	我照顾了旅游地小型商店(如小卖部)的生意,为的是增加当地人的收入	有	没有
	没有的原因:		
4	我认真遵守旅游地的饮食禁忌	有	没有
	没有的原因:		
5	我有过冲动消费的行为	有	没有

续表

序号	题项	答案	
"有"的原因：			
6	景区（点）随意涨价，我向有关部门进行了反映	有	没有
没有的原因：			
7	我有过跟风消费的行为	有	没有
"有"的原因：			
8	在民族地区旅游时，我认真遵守民族禁忌	有	没有
没有的原因：			
9	我购买了当地的特色农产品，为的是增加当地人的收入	有	没有
没有的原因：			
10	发现旅游企业存在虚假宣传时，我向主管部门进行了投诉	有	没有
没有的原因：			
11	参团旅行时，遇到旅行社擅自减少旅游景点，我向有关部门进行了投诉	有	没有
没有的原因：			
12	我住了超出自己惯常消费水平的豪华酒店	有	没有
"有"的原因：			
13	在宗教场所游览时，我认真遵守宗教禁忌	有	没有
没有的原因：			
14	导游强行索要小费时，我向有关部门进行了投诉	有	没有
没有的原因：			
15	我购买了当地的水果，为的是增加当地人的收入	有	没有
没有的原因：			
16	我购买了不会用到的产品	有	没有
"有"的原因：			

感谢参与，祝生活愉快，学习进步！

姓名＿＿＿＿＿＿性别＿＿＿＿＿＿专业＿＿＿＿＿＿年级＿＿＿＿＿＿

参考文献

一、中文参考文献

[1] 艾尔·巴比. 社会科学研究方法 [M]. 北京：华夏出版社，2010：166-182.

[2] 蔡雪莉. 我国公民旅游不文明行为归类归因研究 [J]. 旅游论坛，2008，1（3）：353-356.

[3] 曹凯. 消费者社会责任：消费道德教育的新课题 [J]. 湖南社会科学，2011（2）：21-23.

[4] 曾智，丁家永. 消费者社会责任：消费者行为研究的新课题 [J]. 江苏商论，2010（2）：17-18.

[5] 昌晶亮，余洪. 旅游法对游客不文明行为全方位制约探讨 [J]. 求索，2013（12）：219-220.

[6] 陈桂香. 消费者社会责任问题探讨 [J]. 湘南学院学报，2008，29（3）：26-30.

[7] 陈启杰，武文珍. 社会责任消费行为的影响因素及测量述评 [J]. 商业研究，2012（1）：2-9.

[8] 陈艳红，姬荣荣. 关于游客诚信档案建设的现实思考 [J]. 档案学研究，2016（6）：28-32.

[9] 陈叶烽，叶航，汪丁丁. 超越经济人的社会偏好理论：一个基于实验经济学的综述 [J]. 南开经究，2011（5）：63-100.

[10] 代文彬，慕静，周欢. 中国城市食品消费者的社会责任消费：消费者权力的视角 [J]. 商业研究，2019（2）：10-17.

[11] 邓新明，田志龙，刘国华，陈璐. 中国情景下企业伦理行为的消费者

响应研究［J］．中国软科学，2011（2）：31-45.

［12］邓新明．消费者为何喜欢"说一套，做一套"：消费者伦理购买"意向—行为"差距的影响因素［J］．心理学报，2014，46（7）：1014-1031.

［13］邓新明．中国情景下消费者的伦理购买意向研究：基于 TPB 视角［J］．南开管理评论，2012，15（3）：22-32.

［14］冯建英，穆维松，傅泽田．消费者的购买意愿研究综述［J］．现代管理科学，2006（11）：7-9.

［15］管婧婧，董雪旺，鲍碧丽．非惯常环境及其对旅游者行为影响的逻辑梳理［J］．旅游学刊，2018，33（4）：24-32.

［16］郭琛．论消费者的社会责任［J］．西北大学学报（哲学社会科学版），2014，44（3）：55-60.

［17］郭星华，储卉娟．从乡村到都市：融入与隔离［J］．江海学刊，2004（3）：92-93.

［18］郭赟．消费者绿色消费"意向—行为"差距现象及成因探索［J］．商业经济研究，2019（7）：43-46.

［19］何佳梅，许峰，田红．论选择性旅游的可持续发展意义［J］．经济地理，2001，21（3）：380-384.

［20］胡保玲，代梦阳．实证研究：积极情绪的中介作用［J］．经济管理研究，2017（5）：51-60.

［21］姜真林．生态旅游、负责任旅游与低碳旅游辨析［J］．江苏科技大学学报（社会科学版），2011，11（3）：85-88.

［22］杰弗里·A. 迈尔斯．管理与组织研究必读的 40 个理论［M］．北京：北京大学出版社，2017：171-177.

［23］李爱梅，颜亮，王笑天，马学谦，李方君．时间压力的双刃效应及其作用机制［J］．心理科学进展，2015，23（9）：1627-1636.

［24］李灿，辛玲．调查问卷的信度与效度的评价方法研究［J］．中国卫生统计，2008，25（5）：541-544.

［25］李南．个人情感对社会责任消费行为的影响及对策探讨［J］．商业时代，2014（32）：55-57.

［26］李秋成．人地、人际互动视角下旅游者环境责任行为意愿的驱动因素［D］．杭州：浙江大学，2015.

［27］李双龙．消费者与企业社会责任［J］．湖北经济学院学报（人文社会

科学版），2005，2（11）：94-95.

［28］李涛，陈芸.我国游客不文明行为及其管理［J］.经济管理，2015，37（11）：113-123.

［29］李天元.旅游学概论（第七版）［M］.天津：南开大学出版社，2014：43-44.

［30］李杨.基于规范激活理论的消费者环保型产品购买意愿形成机理研究［D］.长春：吉林大学商学院，2014.

［31］李志飞.生活在别处：旅游者二元行为理论［J］.旅游学刊，2014，29（8）：13-14.

［32］刘娟.旅游不文明行为应对策略的最优选择［J］.统计与决策，2015（15）：70-72.

［33］刘枭.组织支持、组织激励、员工行为与研发团队创新绩效的作用机理研究［D］.杭州：浙江大学，2011.

［34］刘晓霞.论消费者责任：自己责任与社会责任的兼顾［J］.法制与经济，2010（1）：109-110.

［35］卢小丽，武春友，Holly Donohoe.生态旅游概念识别及其比较研究：对中外40个生态旅游概念的定量分析［J］.旅游学刊，2006（2）：56-61.

［36］龙晓枫，田志龙，侯俊东.社会规范对中国消费者社会责任消费行为的影响机理研究［J］.管理学报，2016，13（1）：115-121.

［37］马伯钧.论消费者责任［J］.消费经济，2008，24（2）：22-24.

［38］潘煜，高丽，张星，万岩.中国文化背景下的消费者价值观研究［J］.管理世界，2014（4）：90-106.

［39］齐美尔.货币哲学［M］.陈戎女，耿开君，文聘元，译.北京：华夏出版社，2007.

［40］齐善鸿，焦彦，杨钟红.我国出境旅游者不文明行为改变的策略研究［J］.人文地理，2009（5）：111-115.

［41］邱宏亮.基于TPB拓展模型的出境游客文明旅游行为意向影响机制研究［J］.旅游学刊，2017，32（6）：75-85.

［42］任保平，李梦欣.我国主要城市经济增长质量的状态、特征和比较［J］.中共中央党校学报，2017，21（6）：107-118.

［43］任宁，廖月兰，叶茜倩.大众旅游与选择性旅游概念辨析及运用［J］.经济地理，2006（12）：18-27.

［44］尚天成，高俊卿，郭俊雄，彭燕，胡上华．生态旅游研究综述［J］．天津大学学报（社会科学版），2011，13（6）：505-510．

［45］亚当·斯密．道德情操论［M］．北京：商务印书馆，1997．

［46］涂迪思．基于计划行为理论的社会责任消费行为模型构建［J］．现代经济信息，2013（11）：432．

［47］王财玉，雷雳．社会责任消费的结构、形成机制及企业响应［J］．心理科学进展，2015，23（7）：1245-1257．

［48］王大伟．决策制定过程中的时间压力效应［J］．心理研究，2009（6）：42-46．

［49］王天仁，李建锋．倡导"责任消费"的意义与路径选择［J］．人民论坛，2011（3）：116-117．

［50］王欣，邹统钎．非惯常环境下体验的意义［J］．旅游学刊，2011，26（7）：19-23．

［51］韦嘉，韩会芳，张春雨，孙丽娟，张进辅．马洛—克罗恩社会赞许性量表（简版）在中学生群体中的试用［J］．中国临床心理学杂志，2015（4）：585-599．

［52］吴楚材，吴章文，郑群明，胡卫华．生态旅游概念的研究［J］．旅游学刊，2007（1）：67-71．

［53］吴明隆．结构方程模型［M］．重庆：重庆大学出版社，2010．

［54］吴明隆．问卷统计分析实务［M］．重庆：重庆大学出版社，2010．

［55］武文珍，陈启杰．社会责任消费行为形成机制探讨：计划行为理论视角［J］．现代管理学，2011（10）：108-110．

［56］肖捷．中国情境下社会责任消费行为量表研究［J］．财经理论与实践，2012，13（176）：89-93．

［57］谢春山，沙春蕾．试论旅游的本质与特征［J］．旅游论坛，2012，5（2）：1-5．

［58］谢彦君．基础旅游学（第2版）［M］．北京：中国旅游出版社，2004：41-84．

［59］谢彦君．基础旅游学（第4版）［M］．北京：商务印书馆，2015：213．

［60］谢彦君．论旅游的本质与特征［J］．旅游学刊，1998（4）：41-44．

［61］谢彦君．旅游的本质及其认识方法：从学科自觉的角度看［J］．旅游学刊，2010，25（1）：26-31．

［62］辛杰．中国消费者社会责任消费行为与群体细分研究［J］．南京农业大学学报（社会科学版），2011，11（1）：37-43.

［63］徐虹，游喜喜．基于人口特征变量的旅游者消费意向差异分析［J］．干旱区资源与环境，2018，32（1）：196-201.

［64］徐惊蛰，谢晓非．解释水平视角下的自己—他人决策差异［J］．心理学报，2011，43（1）：11-20.

［65］徐菊凤．关于旅游学科基本概念的共识性问题［J］．旅游学刊，2011，26（10）：21-30.

［66］许英杰，张蒽，刘子飞．中国消费者责任消费指数研究：以中国六个主要城市为样本［J］．中国经济问题，2015（4）：73-85.

［67］阎俊，佘秋玲．社会责任消费行为量表研究［J］．管理科学，2009，22（4）：73-82.

［68］杨晓茹，孙剑，李锦锦．消费者社会责任消费行为的实证研究：基于武汉市的调研数据［J］．湖北农业大学，2015，54（11）：2800-2804.

［69］杨懿，常飞．旅游者不文明行为：内涵、机制与矫治［J］．资源开发与市场，2015，31（10）：1250-1253.

［70］于阳春．消费者社会责任研究初［J］．商业时代，2007（3）：12-15.

［71］余航，张潇，叶楠．论社会责任消费与消费者社会责任［J］．市场周刊，2018（8）：94-95.

［72］袁裕辉，杨伟光，丁楚红．社会化网络视角下消费者社会责任研究［J］．广东技术师范学院学报（自然科学），2016（2）：74-80.

［73］查爱苹．选择性旅游研究概览［J］．商业研究，2003（17）：172-175.

［74］张朝枝．面向旅游学一级学科的核心课程设置探讨［J］．旅游学刊，2015，30（9）：2-4.

［75］张帆．"负责任旅游"概念的起源与发展［J］．旅游科学，2006，20（6）：9-14.

［76］张帆．"负责任旅游"及其相关概念辨析［J］．旅游论坛，2012，5（3）：1-6.

［77］张红，郝庆智．替代性旅游在会奖旅游市场开发中的运用研究［J］．旅游论坛，2009，2（5）：752-755.

［78］国家统计局．中华人民共和国2019年国民经济和社会发展统计公报［EB/OL］．（2020-02-28）［2020-03-10］．http：//www.stats.gov.cn/tjsj/zxfb/

202002/t20200228_ 1728913. html.

[79] 张凌云. 国际上流行的旅游定义和概念综述：兼对旅游本质的再认识 [J]. 旅游学刊，2008，23（1）：86-91.

[80] 张凌云. 旅游：非惯常环境下的特殊体验 [J]. 旅游学刊，2019，34（9）：3-5.

[81] 张凌云. 旅游学研究的新框架：对非惯常环境下消费者行为和现象的研究 [J]. 旅游学刊，2008，23（10）：12-16.

[82] 张晓杰，靳慧蓉，娄成武. 规范激活理论：公众环保行为的有效预测模型 [J]. 东北大学学报（社会科学版），2016，18（6）：610-615.

[83] 张琰，崔枫，吴霜霜，吴文智. 航空旅行者碳补偿支付意愿影响因素研究：基于计划行为理论与规范激活理论的综合研究框架 [J]. 干旱区资源与环境，2017，31（11）：9-14.

[84] 张源，李启庚. 价格折扣方式与时间压力对消费者在线冲动性购买的影响研究 [J]. 价格月刊，2017（2）：75-80.

[85] 赵晓云. 浅谈消费者的社会责任 [J]. 统计与管理，2013（6）：162-163.

[86] 周晓虹. 现代社会心理学名著菁华 [M]. 北京：社会科学文献出版社，2007.

二、英文参考文献

[1] Adomaviciute K. Relationship between utilitarian and hedonic consumer behavior and socially responsible consumption [J]. Economics and management, 2013, 18（4）：754-760.

[2] Ajzen I, Fishbein M. Understanding attitudes and predicting social behavior [M]. Englewood Cliffs NJ：Prentice-Hall, 1980.

[3] Ajzen I. From intentions to actions：A theory of planned behavior [J]. Springer, 1985：11-39.

[4] Ajzen I. The theory of planned behavior [J]. Organizational behavior and human decision processes, 1991, 2：179-211.

[5] Alexander Z. International volunteer tourism experience in South Africa：an investigation into the impact on the tourist [J]. Journal of Hospitality Marketing &

Management, 2012, 21 (7): 779-799.

[6] Al-Rafee S, Cronan T P. Digital piracy: factors that influence attitude toward behavior [J] . Journal of Business Ethics , 2006, 63: 237-259.

[7] Anastasopoulos P. Tourism and attitude change: Greek tourists visiting Turkey [J] . Annals of Tourism Research, 1992, 19 (4): 629-42.

[8] Anderson W T, Cunningham W H. The socially conscious consumer [J] . Journal of Marketing, 1972, 36 (7): 23-31.

[9] Andorfer V A, Liebe U. Research on fair trade consumption: A review [J] . Journal of Business Ethics, 2012, 106 (4): 415-135.

[10] Antil J H, Bennett P D. Construction and validation of a scale to measure socially responsible consumption behavior [J] . The Conserver Society, 1979, (March): 51-68.

[11] Antil J H. Socially Responsible Consumers: profile and implications for public policy [J] . Journal of Macromarketing, 1984, 4 (3): 18-39.

[12] Armitage C J, Conner M. Efficacy of the theory of planned behaviour: A meta - analytic review [J] . British Journal of Social Psychology, 2001, 40: 471-499.

[13] Auger P, Devinney T M. Do what consumers say matter? The misalignment of preferences with unconstrained ethical intentions [J] . Journal of Business Ethics, 2007, 76 (4): 361-383.

[14] Bagozzi R P, Yi Y. On the evaluation of structural equation models [J] . Academic of Marketing Science, 1988, 16: 76-74.

[15] Bamberg S, Schmidt P. Incentives, morality, or habit? Predicting students' car use for university routes with the models of Ajzen, Schwartz, and Triandis [J] . Environment and Behaviour, 2003, 35 (2): 264-285.

[16] Bamberg S, Möser G. Twenty years after Hines, Hungerford, and Tomera: a new meta - analysis of psycho - social determinants of pro - environmental behavior [J] . Journal of Environmental Psychology, 2007, 27 (1): 14-25.

[17] Barbieri C, Santos C A, Katsube Y. Volunteer tourism: on-the-ground observations from Rwanda [J] . Tourism Management, 2012, 33: 509-516.

[18] Becchettia L, Salustri F, Pelligra V, Vásquez A. Gender differences in socially responsible consumption: An experimental investigation [J] . Applied econom-

ics, 2018, 50（33）: 3630-3643.

[19] Beck L, Ajzen I. Predicting dishonest action using the theory of planned behavior [J]. Journal of Research in Personality, 1991, 25: 285-301.

[20] Belk R, Devinney T M, Eckhardt G. Consumer ethics across cultures [J]. Consumption, Markets and Culture, 2005, 8: 275-289.

[21] Berg J, Dickaut J, Cabe K M. Trust, reciprocity and social history [J]. Games and Economic Behavior, 1995, 10（1）: 122-142.

[22] Berkowitz L, Louise R. Affecting the salience of the social responsibility norm: effects of past help on the response to dependency relationships [J]. The Journal of Abnormal and Social Psychology, 1964, 68（3）: 275-281.

[23] Bernstein J D, Woosnam K M. Same but different: Distinguishing what it means to teach English as a foreign language within the context of volunteer tourism [J]. Tourism Management, 2019, 72: 427-436.

[24] Bettman J R. Memory factors in consumer choice: A review [J]. Journal of Marketing, 1979, 43: 37-53.

[25] Blamey R. Ecotourism: The search for an operational definition [J]. Journal of Sustainable Tourism, 1997, 5（2）: 109-30.

[26] Blamey R. The Nature of Ecotourism. Occasional Paper 21 [M]. Canberra: Bureau of Tourism Research, 1995.

[27] Bogardus E S. A social distance scale [J]. Sociology and Social Research, 1933, 17: 265-271.

[28] Bolton G E, Ockenfels A. A theory of equity, reciprocity, and competition [J]. American Economic Review, 2000, 90（1）: 166-193.

[29] Boote A S. Market segmentation by personal values and salient product attributes: demographics only tell part of the story [J]. Journal of Advertising Research, 1981, 21: 29-35.

[30] Borden R J, Schettino A P. Determinants of environmentally responsible behavior [J]. The Journal of Environmental Education, 1979, 10（4）: 35-39.

[31] Bramwell B. Theoretical activity in sustainable tourism research [J]. Annals of Tourism Research, 2015, 54: 204-218.

[32] Bramwell B, Lane B. Sustainable tourism: An evolving global approach [J]. Journal of Sustainable Tourism, 1993, 1（1）: 1-5.

[33] Bray J, Johns N, Kilburn D. An exploratory study into the factors impeding ethical consumption [J] . Journal of Business Ethics, 2011, 98 (4): 597-608.

[34] Briassoulis H. Sustainable tourism and the question of the commons [J] . Annals of Tourism Research, 2002, 29 (4): 1065-1085.

[35] Broad S. Living the Thai life: a case study of volunteer tourism at the Gibbon Rehabilitation Project [J] . Tourism Recreation Research, 2003, 28 (3): 63-72.

[36] Brooker G. The self-actualizing socially conscious consumer [J] . Journal of Consumer Research, 1976, 3 (2): 107-112.

[37] Brookshire J E H, Norum P S. Willingness to pay for socially responsible products: case of cotton apparel [J] . Journal of Consumer Marketing , 2011, 28 (5): 344-353.

[38] Brown S, Morrison A M. Expanding volunteer vacation participation: an exploratory study on the mini-mission concept [J] . Tourism Recreation Research, 2003, 28 (3): 73-82.

[39] Burger J, Gochfeld M, Niles L. Ecotourism and birds in coastal New Jersey [J] . Environmental Conservation, 1995, 22 (1): 56-65.

[40] Burns P M. An introduction to tourism and anthropology [M] . London: Routledge, 2000.

[41] Callanan M, Thomas S. Volunteer tourism: deconstructing volunteer activities within a dynamic environment [A] . Novelli M. Niche tourism: contemporary issues, trends and cases [M] . Boston: Elsevier, 2005.

[42] Camerer C. Progress in behavioral game theory [J] . Journal of Economic Perspectives, 1997, 11 (4): 167-188.

[43] Carrigan M, Szmigin I, Wright J. Shopping for a better world? An interpretive study of the potential for ethical consumption within the older market [J] . Journal of Consumer Marketing, 2004, 21 (6): 401-417.

[44] Carrigan M, Attalla. The myth of the ethical consumer: do ethics matter in purchase behaviour? [J] . The Journal of Consumer Marketing, 2001, 18 (7): 560-578.

[45] Carrington M J, Neville B A, Whitwell G J. Why ethical consumers don't walk the talk: Towards a framework for understanding the gap between the ethical pur-

chase intentions and actual buying behaviour of ethically minded consumers [J]. Journal of Business Ethics, 2010, 97: 139-158.

[46] Carter L. Vacation and volunteer: an emerging travel niche [EB/OL]. [2018-05-18]. http://www.travelhotnews.com/reportages.php? sequence no=6078.

[47] Caruana R, Glozer S, Crane A, McCabe S. Tourists' account of responsible tourism [J]. Annals of Tourism Research, 2014, 46: 115-129.

[48] Castaño L E V, Ortiz J P, León W F D, et al. Measuring socially responsible consumption: a study of Colombia-Mexico [J]. Academia Revista Latinoamericana de Administración, 2016, 12: 1012-8255.

[49] Ceballos-Lascuráin H. The Future of Ecotourism [J]. Mexico Journal, 1987, 2: 13-14.

[50] Chang M K. Predicting unethical behaviour: A comparison of the theory of reasoned action and the theory of planned behavior [J]. Journal of Business Ethics, 1998, 17: 1825-1834.

[51] Charness G, Haruvy E, Sonsino D. Social distance and reciprocity: An internet experiment [J]. Journal of Economic Behavior & Organization, 2007, 63: 88-103.

[52] Chen A, Peng N. Green hotel knowledge and tourists' staying behavior [J]. Annals of Tourism Research, 2012, 39 (4): 2211-2216.

[53] Chen H, Kong Y. Chinese consumer perceptions of socially responsible consumption [J]. Social responsibility Journal, 2009, 5 (2): 144-151.

[54] Cheung S F, Chan D K S, Wong Z S Y. Re-examining the theory of planned behaviour in understanding wastepaper recycling [J]. Environment and Behaviour, 1999, 31 (5): 587-612.

[55] Choi H S C, Sirakaya E. Sustainability indicators for managing community tourism [J]. Tourism Management, 2006, 27 (6): 1274-1289.

[56] Christopher J A, Mark C. Efficacy of the theory of planned behaviour: A meta-analytic review [J]. British Journal of Social Psychology, 2001, 40: 471-499.

[57] Churchill G A. A paradigm for developing better measures of marketing constructs [J]. Journal of Marketing Research, 1979, 16 (1): 64-73.

[58] Clarke J. A framework of approaches to sustainable tourism [J]. Journal of Sustainable Tourism, 1997, 5: 224-233.

［59］ Coghlan A. Prosocial behaviour in volunteer tourism ［J］. Annals of Tourism Research, 2015, 55: 46-60.

［60］ Cohen E. "Alternative Tourism" - A Critique ［J］. Tourism Recreation Research, 1987, 12 (2): 13-18.

［61］ Cohen E. Toward a Sociology of International Tourism ［J］. Social Research, 1972, 39 (1): 164-89.

［62］ Cone Inc. 2013 Cone communications social impact study ［EB/OL］. ［2017-08-25］. http: //www. conecomm. com/stuff/contentmgr/files/0/e3d2eec1e 15e858867a5c2b1a22c4cfb/files/2013_cone_comm_social_im pact_study. pdf.

［63］ Conran M. They really love me! Intimacy in volunteer tourism ［J］. Annals of Tourism Research, 2011, 38 (4): 1454-1473.

［64］ Corby N, Schnedier-Jamner M, Wolitski R. Using the theory of planned behavior to predict intention to use condoms among male and female injecting drug users ［J］. Journal of Applied Social Psychology, 1996, 26: 52-75.

［65］ Cottrell S P, Graefe A R. Testing a conceptual framework of responsible environmental behavior ［J］. The Journal of Environmental Education, 1997, 29 (1): 17-27.

［66］ Creswell J W. Qualitative Inquiry and Research Design: Choosing among Five Approaches (2nd ed.) ［M］. US: Sage, 2007.

［67］ Crilly D, Schneider S C, Zollo M. Psychological antecedents to socially responsible behavior ［J］. European Management Review, 2008, 5 (3): 175-190.

［68］ Crowne D, Marlowe D. A new scale of social desirability independent of psychopathology ［J］. Journal of Consulting Psychology, 1960, 24 (4): 349-354.

［69］ Cui Y L, Trent E S, Sullivan P M, Matiru G N. Cause-related marketing: How generation responds ［J］. International Journal of Retail and Distribution Management, 2003, 31 (6): 310-320.

［70］ Darley J M, Batson C D. From jerusalem to jericho: A study of situational and dispositional variables in helping behavior ［J］. Journal of Personality and Social Psychology, 1973, 27: 100-119.

［71］ Davies J, Foxall G R, Pallister J. Beyond the intention-behaviour mythology: An integrated model of recycling ［J］. Marketing Theory, 2002, 2 (1): 29-113.

［72］ De Groot J, Steg L. Morality and prosocial behavior: The role of awareness, responsibility, and norms in the norm activation model [J]. Journal of Social Psychology, 2009, 149 (4): 425-449.

[73] Delpal F, Hatchuel G. La consommation engagee s' affirme comme une tendance durable [J]. CREDOC Consommation et modes devie. 2007, 201: 1-4.

[74] Ruyter K, Wetzels M. With a little help from my fans? Extending models of prosocial behaviour to explain "supporters" intentions to buy soccer club shares [J]. Journal of Economic Psychology, 2000, 21: 387-409.

[75] Devinney T M, Auger P, Eckhardt G. The myth of the ethical consumer [M]. Cambridge: Cambridge University Press, 2010.

[76] Diamond W D, Kashyap R K. Extending models of prosocial behavior to explain university alumni contributions [J]. Journal of Applied Social Psychology, 1997, 27: 915-928.

[77] Dickinson R, Hollander S C. Consumer votes [J]. Journal of Business Research, 1991, 23: 9-20.

[78] Dickson M A, Littrell M A. Socially responsible behaviour: values and attitudes of the alternative trading organisation consumer [J]. Journal of Fashion Marketing and Management: An International Journal, 1996, 1 (1): 50-69.

[79] Dickson M A. Personal values, beliefs, knowledge, and attitudes relating to intentions to purchase apparel from socially responsible businesses [J]. Clothing and Textiles Research Journal, 2000, 18 (1): 19-30.

[80] Dolnicar S. Nature-conserving tourists: The need for a broader perspective [J]. An International Journal of Tourism and Hospitality Research, 2006, 17 (2): 235-256.

[81] Doran C J. The role of personal values in fair trade consumption [J]. Journal of Business Ethics, 2009, 84 (4): 549-563.

[82] Doran R, Larsen S. The relative importance of social and personal norms in explaining intentions to choose eco - friendly travel options [J]. International Journal of Tourism Research, 2016, 18 (2): 159-166.

[83] Durif F, Boivin C, Rajaobelina L, Lecompte A F. Socially responsible consumers: profile and implications for marketing strategy [J]. International Review of Business Research Papers, 2011, 7 (6): 215-224.

[84] Eagles P F J. The travel motivations of Canadian eco - tourists

[J] . Journal of Travel Research, 1992, 31 (2): 3-7.

[85] Eber S. Beyond the Green Horizon: Principles for sustainable development [M] . London: Tourism Concern/WWF-UK, 1992.

[86] Elkington J. Cannibals with Forks: The Triple Bottom Line of 21st Century Business [M] . Oxford: Capstone, 1997.

[87] Eriksson L, Garvill J, Nordlund A M. Acceptability of travel demand management measures: the importance of problem awareness, personal norm, freedom, and fairness [J] . Journal of Environmental Psychology, 2006, 26 (1): 15-26.

[88] Evreo A, Vining J, Cristancho S. Responsibility for environmental problems and the consequences of waste reduction: a test of the norm-activation model [J] . Journal of Environmental Systems, 2005, 29 (3): 219-244.

[89] Fehr E, Schmidt K. A theory of fairness, competition, and cooperation [J] . Quarterly Journal of Economics, 1999, 114 (3): 817-868.

[90] Fehr E, Gächter S, Kirchsteiger G. Reciprocal fairness and non compensating wage differentials [J] . Journal of Institutional and Theoretical Economics, 1996, 152 (4): 608-640.

[91] Festinger L. A theory of congnitive dissonance [M] . Stanford: Stanford University Press, 1957.

[92] Fischer D G, Fick C. Measuring desirability: short forms of the Marlowe-Crowne social desirability scale [J] . Educational and Psychological Measurement, 1993, 53: 417-424.

[93] Fishbein M, Ajzen I. Belief, attitude, intention, and behavior: An introduction to theory and research [M] . Reading: Addison-Wesley, 1975.

[94] Fisk G. Criteria for a theory of responsible consumption [J] . Journal of marketing, 1973, 37: 24-31.

[95] Follows S B, Jobber D. Environmentally responsible purchase behaviour: A test of a consumer model [J] . European Journal of Marketing, 2000, 34 (5/6): 723-746.

[96] Fornell C, Larcker D F. Evaluating structural equation models with unobservable variables and measurement error [J] . Journal of Marketing Research, 1981, 18 (1): 39-50.

[97] Forsythe R, Horowitz J L, Savin N E, Sefton M. Fairness in simple bar-

gaining experiments [J]. Games and Economic Behavior, 1994, 6 (3): 347-369.

[98] Françoise-Lecompte A, Roberts J A. Developing a measure of socially responsible consumption in France [J]. Marketing Management Journal, 2006, 16 (2): 50-66.

[99] Fukukawa K. Developing a framework for ethically questionable behavior in consumption [J]. Journal of Business Ethics, 2002, 41: 99-119.

[100] Gandhi M, N. Kaushik N. Socially responsive consumption behaviour: an Indian perspective [J]. Social Responsibility Journal, 2016, 12 (1): 85-102.

[101] Gao J, Huang Z, Zhang C. Tourists' perceptions of responsibility: an application of norm-activation theory [J]. Journal of Sustainable Tourism, 2017, 25 (2): 276-291.

[102] Garhammer M. Pace of life and enjoyment of life [J]. Journal of Happiness Studies, 2002, 3: 217-256.

[103] Godfrey K. Attitudes towards "sustainable tourism" in the UK: A view from local government [J]. Tourism Management, 1998, 19 (3): 213-224.

[104] Goh E, Ritchie B, Wang J. Non-compliance in national parks: An extension of the theory of planned behaviour model with pro-environmental values [J]. Tourism Management, 2017, 59: 123-127.

[105] Gonsalves P S. Alternative tourism: the evolution of a concept and establishment of a network [J]. Tourism Recreation Research, 1987, 12 (2): 9-12.

[106] Gough H G, McClosky H. A personality scale for social responsibility [J]. The Journal of Abnormal and Social Psychology, 1952, 47 (1): 73-80.

[107] Grasmick H G, Bursik R J. Conscience, significant others, and rational choice: extending the deterrence model [J]. Law and Society Review, 1990, 24 (3): 837-861.

[108] Grimmer M, Miles M P. With the best of intentions: A large sample test of the intention-behaviour gap in pro-environmental consumer behavior [J]. International Journal of Consumer Studies, 2017, 41: 2-10.

[109] Griskevicius V, Tybur J M, Vanden B B. Going green to be seen: status, reputation, and conspicuous conservation [J]. Journal of Personality and Social Psychology, 2010, 98: 392-404.

[110] Guttentag D A. The possible negative impacts of volunteer tourism [J].

International Journal of Tourism Research, 2009, 11 (6): 537-551.

[111] Hair J F, Black W C, Babin B J, Anderson R E. Multivariate Data Analysis (7th Edition) [M]. New Jersey: Prentice Hall, 2009.

[112] Halpenny E A. Pro-environmental behaviors and park visitors: The effect of place attachment [J]. Journal of Environmental Psychology, 2010, 30: 409-421.

[113] Han H. The norm activation model and theory-broadening: Individuals' decision-making on environmentally-responsible convention attendance [J]. Journal of Environmental Psychology, 2014, 40: 462-471.

[114] Han H. Travelers' pro-environmental behavior in a green lodging context: Converging value-belief-norm theory and the theory of planned behavior [J]. Tourism Management, 2015, 47: 164-177.

[115] Han H, Hsu L T, Sheu C. Application of the Theory of Planned Behavior to green hotel choice: Testing the effect of environmental friendly activities [J]. Tourism Management, 2010, 31 (3): 325-334.

[116] Han H, Hwang J. Norm-based loyalty model (NLM): investigating delegates' loyalty formation for environmentally responsible conventions [J]. International Journal of Hospitality Management, 2015, 46: 1-14.

[117] Han H, Hwang J, Kim J, Jung H. Guests' pro-environmental decision-making process: Broadening the norm activation framework in a lodging context [J]. International Journal of Hospitality Management, 2015, 47: 96-107.

[118] Han H, Jae M, Hwang J. Cruise travelers' environmentally responsible decision-making: An integrative framework of goal-directed behavior and norm activation process [J]. International Journal of Hospitality Management, 2016, 53: 94-105.

[119] Han T I, Stoel L. Explaining socially responsible consumer behavior: A meta-analytic review of theory of planned behavior [J]. Journal of International Consumer Marketing, 2017, 29 (2): 91-103.

[120] Harland P, Staats H, Wilke H A. Situational and personality factors as direct or personal norm mediated predictors of pro-environmental behaviour: Questions derived from norm-activation theory [J]. Basic and Applied Social Psychology, 2007, 29 (4): 323-334.

[121] Harris D B. A scale for measuring attitudes of social responsibility in children [J]. The Journal of Abnormal and Social Psychology, 1957, 55 (5): 322-326.

［122］Hassan L M, Shiu E, Shaw D. Who says there is an intention-behaviour gap? Assessing the empirical evidence of an intention-behaviour gap in ethical consumption［J］. Journal of Business Ethics, 2016, 136（2）: 219-236.

［123］Hedlund T. The impact of values, environmental concern, and willingness to accept economic sacrifices to protect the environment on tourists' intentions to buy ecologically sustainable tourism alternatives［J］. Tourism and Hospitality Research, 2011, 11（4）: 278-288.

［124］Herrington J D, Capella L M. Shopper reactions to perceived time pressure［J］. International Journal of Retail & Distribution Management, 1995, 23（12）: 13-20.

［125］Holden P J. Alternative Tourism（With a Focus on Asia）［R］. 1984.

［126］Hosany S, Gilbert D. Measuring tourist's emotional experiences toward hedonic holiday destinations［J］. Journal of Travel Research, 2010, 49（4）: 513-526.

［127］Hosta M, Zabkar V. Antecedents of Environmentally and Socially Responsible Sustainable Consumer Behavior［Z］. 2020.

［128］Hoyer W D, MacInnis D J. Consumer Behavior［M］. Boston: Houghton Mifflin, 1997.

［129］Huff L C, Alden D L. A Model of managerial response to sales promotions: A four-country analysis［J］. Journal of Global Marketing, 2000, 13（3）: 7-28.

［130］Husbands W, Harrison L C. Practicing responsible tourism: Understanding tourism today to prepare for tomorrow［M］. New York: John Wiley, 1996.

［131］International Centre for Responsible Tourism. Responsible tourism［EB/OL］.［2018-05-23］. http: //www. icrtourism. org/resp. html.

［132］Johnson R C, Dankod G P, Darvill T J, Bochner S, Bowers J K, Huang Y H. Cross-cultural assessment of altruism and its correlates［J］. Personality and Individual Differences, 1989, 10（8）: 855-868.

［133］Joo D, Tasci A D, Woosnam K M, et al. Residents' attitude towards domestic tourists explained by contact, emotional solidarity and social distance［J］. Tourism Management, 2018, 64: 245-257.

［134］Juvan E, Dolnicar S. The attitude-behaviour gap in sustainable tourism［J］. Annals of Tourism Research, 2014, 48: 76-95.

[135] Kaiser F G, Wilson M. Goal-directed conservation behavior: The specific composition of a general performance [J] . Personality and Individual Differences, 2004, 36: 1531-1544.

[136] Kang M H, Moscardo G. Shades of green: Cross-cultural differences in attitudes towards responsible tourist behavior [R] . 2005.

[137] Kasim A. The need for business environmental and social responsibility in the tourism industry [J] . International Journal of Hospitality & Tourism Administration, 2006, 7 (1): 1-22.

[138] Kasser T, Sheldon K M. Time affluence as a path toward personal happiness and ethical business practice: Empirical evidence from four studies [J] . Journal of Business Ethics, 2009, 84: 243-255.

[139] Kennedy P F, Best R J, Kahle L R. An alternative method for measuring value-based segmentation and advertisement positioning [J] . Current Issues and Research in Advertising, 1988, 11: 139-155.

[140] Kerstettera D L, Houb J S, Lin C H. Profiling Taiwanese ecotourists using a behavioral approach [J] . Tourism Management, 2004, 25: 491-498.

[141] Kiatkawsin K, Han H. Young travelers' intention to behave pro-environmentally: Merging the value-belief-norm theory and the expectancy theory [J] . Tourism Management, 2017, 59: 76-88.

[142] Kim S H, Seock Y K. The roles of values and social norm on personal norms and proenvironmentally friendly apparel product purchasing behavior: The mediating role of personal norms [J] . Journal of Retailing and Consumer Services, 2019, 51: 83-90.

[143] Kline R B. Principles and practice of structural equation modeling (2nd ed.) [M] . New York: Guilford Press, 2005.

[144] Klöckner C A. A comprehensive model of the psychology of environmental behavior: a meta-analysis [J] . Global Environmental Change, 2013, 23 (5): 1028-1038.

[145] Klöckner C A, Matthies, E. How habits interfere with norm directed behavior—a normative decision-making model for travel mode choice [J] . Journal of Environmental Psychology, 2004, 24: 319-327.

[146] Kollmuss A, Agyeman J. Mind the gap: Why do people act environmental-

ly and what are the barriers to pro-environmental behavior? [J] . Environmental Education Research, 2002, 8 (3): 239-260.

[147] Kongarchapatara B, Shannon R. The effect of time stress on store loyalty: A case of food and grocery shopping in Thailand [J] . Australasian Marketing Journal, 2016, 24 (4): 267-274.

[148] Kotler Philip. Marketing management: analysis, planning, implementation, and control [M] . Englewood Cliffs: Prentice Hall, 1991.

[149] Kozar J M, Connell K Y H. Socially and environmentally responsible apparel consumption: Knowledge, attitudes, and behaviors [J] . Social Responsibility Journal, 2013, 9 (2): 316-325.

[150] Krippendorf J. The holiday makers: Understanding the impact of leisure and travel [M] . Oxford: Butterworth Heinemann, 1984.

[151] Kuhl J, Beckman J. Action Control: From Cognition to Behavior [M] . New York: Springer Verlag, 1985.

[152] Lau T C. Towards socially responsible consumption: An evaluation of religiosity and money ethics [J] . International Journal of Trade, Economics and Finance, 2013, 1 (1): 32-35.

[153] Lauper E, Moser S, Fischer M, Matthies E. Explaining car drivers' intention to prevent road-traffic noise: an application of the norm activation model [J] . Environment and Behavior, 2016, 48 (6): 826-853.

[154] Lee T H, Jan F H. Ecotourism behavior of nature-based tourists: An integrative framework [J] . Journal of Travel Research, 2018, 57 (6): 792-810.

[155] Lee T H, Jan F H, Yang C C. Conceptualizing and measuring environmentally responsible behaviors from the perspective of community-based tourists [J] . Tourism Management, 2013, 36: 454-468.

[156] Leigh J H, Murphy P E, Enis B M. A new approach to measuring socially responsible consumption tendencies [J] . Journal of Macromarketing, 1988, 8: 5-20.

[157] Liberrnan N, Trope Y, Wakslak C. Construal level theory and consumer behavior [J] . Journal of Consumer Psychology, 2007, 17 (2): 113-117.

[158] Liebe U, Andorfer V A, Gwartney P A, Meyerhoff J. Ethical consumption and social context: Experimental evidence from Germany and the United States [EB/OL] . [2018-05-28] . https: //boris. unibe. ch/id/eprint/65756.

[159] Lin Y H, Chen C F. Passengers' shopping motivations and commercial activities at airports: The moderating effects of time pressure and impulse buying tendency [J]. Tourism Management, 2013, 36: 426-434.

[160] Lo A, Lee C. Motivations and perceived value of volunteer tourists from Hong Kong [J]. Tourism Management, 2011, 32 (2): 326-334.

[161] Locke D. Theory and practice in thought and action. Morality in the making: Thought, action and the social context. H. Weinreich – Haste and D. Locke (eds.) [M]. Chichester: Wiley, 1983.

[162] Lyons K, Wearing S. All for a good cause? The blurred boundaries between volunteering and tourism. // [M] Lyons K, Wearing S. Journeys of discovery in volunteer tourism. Wallingford: CABI International, 2008.

[163] Lyons K, Hanley J, Wearing S, Neil J. Gap year volunteer tourism myths of global citizenship? [J]. Annals of Tourism Research, 2012, 39 (1): 361-378.

[164] Malone S, McCabe S, Smith A P. The role of hedonism in ethical tourism [J]. Annals of Tourism Research, 2014, 44 (1): 241-254.

[165] Manchiraju S, Sadachar A. Personal values and ethical fashion consumption [J]. Journal of Fashion Marketing and Management, 2014, 18 (3): 357-374.

[166] Mancini M S, Galli A, Niccolucci V, et al. Ecological footprint: refining the carbon footprint calculation [J]. Ecological Indicators, 2016, 61 (2): 390-403.

[167] Martin A. Attitudes towards Package Holidays and ABTA-2000 [EB/OL]. [2018-07-24]. http://www.ipsos-mori.com/ publications/ajm/package-holidays.pdf.

[168] Maruping L M, Thatcher S M B. Folding under pressure or rising to the occasion? Perceived time pressure and the moderating role of team temporal leadership [J]. Academy of Management Journal, 2015, 58 (5): 1313-1333.

[169] Matza D, Sykes G. Juvenile delinquency and subterranean values [J]. American Sociological Review, 1961, 26: 712-719.

[170] McCarty J A, Shrum L J. The influence of individualism, collectivism, and locus of control on environmental beliefs and behavior [J]. Journal of Public Policy & Marketing, 2001, 20: 93-104.

[171] Mcgehee N G, Santos C A. Social change, discourse and volunteer tourism [J]. Annals of Tourism Research, 2005, 32 (3): 760-779.

[172] McGehee N G. Oppression, emancipations, and volunteer tourism research propositions [J]. Annals of Tourism Research, 2011, 39 (1): 84-107.

[173] McKercher B, Mackenzie M, Prideaux B, Pang S. Is the hospitality and tourism curriculum effective in teaching personal social responsibility? [J]. Journal of Hospitality & Tourism Research, 2014, 38: 431-462.

[174] Mohr L A, Webb D J, Harris K E. Do Consumers Expect Companies to be Socially Responsible? The Impact of Corporate Social Responsibility on Buying Behavior [J]. The Journal of Consumer Affairs, 2001, 35 (1): 45-72.

[175] Morgan S E, Miller J K. Communicating about gifts of life: The effect of knowledge, attitudes, and altruism on behavior and behavioral intentions regarding organ donation [J]. Journal of Applied Communication Research, 2002, 30 (2): 163-178.

[176] Mostafa M M. Gender differences in Egyptian consumers green purchase behavior the effects of environmental knowledge, concern and attitude [J]. International Journal of Consumer Studies, 2007, 31 (3): 220-229.

[177] Moutinho L. Consumer behavior in tourism [J]. European Journal of Marketing, 1987, 21 (10): 1-44.

[178] Namkung Y, Jang S. Are Consumers willing to pay more for green practices at restaurants? [J]. Journal of Hospitality & Tourism Research, 2017, 41 (3): 329-356.

[179] Nayum A, Klöckner C A. A comprehensive socio-psychological approach to car type choice [J]. Journal of Environmental Psychology, 2014, 40 (12): 401-411.

[180] Nunnally J. Psychometric methods [M]. New York: McGraw-Hill, 1978.

[181] Nunnally J G, Bernstein I H. Psychometric methods [M]. New York: McGraw-Hill, 1994.

[182] Oda R, Machii W, Takagi S, et al. Personality and altruism in daily life [J]. Personality and Individual Differences, 2014, 56 (1): 206-209.

[183] Oda R, Shibata A, Kiyonari T, et al. Sexually dimorphic preference for altruism in the opposite sex according to recipient [J]. British Journal of Psychology, 2013, 104 (4): 577-584.

[184] Oda R, Yamagata N, Yabiku Y, et al. Altruism can be assessed correctly

based on impression [J] . Human Nature, 2009, 20 (3): 331-341.

[185] Oh J C, Yoon S J. Theory-based approach to factors affecting ethical consumption [J] . International Journal of Consumer Studies, 2014, 38 (3): 278-288.

[186] Ong F, Binney L L, King B, Smith K A. The future of volunteer tourism in the Asia-Pacific region: alternative prospects [J] . Journal of Travel Research, 2014, 53 (6): 680-692.

[187] Onwezen M C, Antonides G, Bartels J. The norm activation model: An exploration of the functions of anticipated pride and guilt in pro-environmental behavior [J] . Journal of Economic Psychology, 2013, 39: 141-153.

[188] Onwezen M C, Antonides G, Bartels J. The norm activation model: An exploration of the functions of anticipated pride and guilt in pro-environmental behavior [J] . Journal of Environmental Psychology, 2013, 39: 141-153.

[189] O'Shaughnessy J, O'Shaughnessy N J. Marketing, the consumer society and hedonism [J] . European Journal of Marketing, 2002, 36 (5/6): 524-547.

[190] Page S J, Dowling R K. Ecotourism [M] . Harlow: Pearson Education, 2002.

[191] Palacios C M. Volunteer tourism, development and education in a postcolonial world: conceiving global connections beyond aid [J] . Journal of Sustainable Tourism, 2010, 18 (7): 861-878.

[192] Panda T K, Kumar A, Jakhar S, et al. Social and environmental sustainability model on consumers' altruism, green purchase intention, green brand loyalty and evangelism [J] . Journal of Cleaner Production, 2020, 243: 1-11.

[193] Park J, Ha S. Understanding consumer recycling behavior: Combining the theory of planned behavior and the norm activation model [J] . Family and Consumer Sciences Research Journal, 2014, 42 (3): 278-291.

[194] Park R E. The concept of social distance as applied to the study of racial attitudes and racial relations [J] . Journal of Applied Sociology, 1924, 8: 339-344.

[195] Park S Y, Sohn S H. Exploring the normative influences of social norms on individual environmental behavior [J] . Journal of Global Scholars of Marketing Science, 2012, 22 (2): 183-194.

[196] Park R E, Burgess E W. Introduction to the science of sociology including the original index to basic sociological concepts [M] . Chicago: The University of Chi-

cago Press, 1969.

[197] Pepper M, Jackson T, Uzzell D. An examination of the values that moti-vate socially conscious and frugal consumer behaviours [J]. International Journal of Consumer Studies, 2009, 33: 126-136.

[198] Pérez-Barea J J, Fernández-Navarrob F, Montero-Simóa M J, et al. A socially responsible consumption index based on non-linear dimensionality reduction and global sensitivity analysis [J]. Applied Soft Computing, 2018, 69: 599-609.

[199] Pérez-Barea J J, Montero-Simóa M J, Araque-Padilla R. Measurement of socially responsible consumption: Lecompte's scale Spanish version validation [J]. Int Rev Public Nonprofit Mark, 2015, 12: 37-61.

[200] Perkins H E, Brown P R. Environmental values and the so-called true ecotourist [J]. Journal of Travel Research, 2012, 51 (6): 793-803.

[201] Petty R, Unnava R, Stratham A. Theories of attitude change// [M] Ro-bertson T S, Kassarjiann H H. London: Prentice Hall, 1991.

[202] Phillips H, Bradshaw R. How customers actually shop: Customer interac-tion with the point of sale [J]. Journal of the Market Research Society, 1993, 35: 51-62.

[203] Pinto D C, Nique W M, Añaña E, et al. Green consumer values: How do personal values influence environmentally responsible water consumption? [J]. Inter-national Journal of Consumer Studies, 2011, 35 (2): 122-131.

[204] Podsakoff P M, Organ D. Self-reports in organizational research: Prob-lems and prospects [J]. Journal of Management, 1986, 12 (4): 531-544.

[205] Prendergast G P, Tsang A S L. Explaining socially responsible consump-tion [J]. Journal of Consumer Marketing, 2019, 36 (1): 146-154.

[206] Prideaux B, Agrusa J, Donlon J, et al. Exotic or erotic-contrasting images for defining destinations [J]. Asia Pacific Journal of Tourism Research, 2004, 9 (1): 5-18.

[207] Prince S, Ioannides D. Contextualizing the complexities of managing alter-native tourism at the community-level: A case study of a nordic eco-village [J]. Tourism Management, 2017, 60: 348-356.

[208] Pywell S. Vaccination and other altruistic medical treatments: should autono-my or communitarianism prevail? [J]. Medical Law International, 2000, 4: 223-243.

[209] Rabin M. Incooperating fairness into game theory and economics [J]. American Economic Review, 1993, 83 (5): 1281-1302.

[210] Rachlin H, Jones B A. Altruism among relatives and non-relatives [J]. Behavioural Processes, 2008, 79: 120-123.

[211] Raymond E. "Make a difference!": The role of sending organizations in volunteer tourism [M] //Lyons K D, Wearing S. Journeys of discovery in volunteer tourism. Cambridge, MA: CABI, 2008: 48-60.

[212] Reisinger Y, Turner L W. Cultural differences between Asian tourist markets and Australian hosts, Part 1 [J]. Journal of Travel Research, 2002, 40 (2): 295-315.

[213] Responsible Tourism Conference. Responsible tourism in Cape Town [EB/OL]. [2018-05-23]. http://www.capetown.gov.za/en/tourism/Documents/Responsible% 20Tourism/Responsible_ tourism_ bro_ web. pdf.

[214] Roberts J A. Will the socially responsible consumer please step forward? [J]. Business Horizons, 1996, 39 (1): 79-84.

[215] Roberts J A. Profiling levels of socially responsible consumer behavior: a cluster analytic approach and its implications for marketing [J]. Journal of Marketing, 1995: 97-117.

[216] Roberts J A. Sex differences in socially responsible consumers' behavior [J]. Psychological Reports, 1993, 73: 139-148.

[217] Rogers M. Volunteerism is on the rise: Purpose-driven travelers seek meaningful journeys [EB/OL]. [2018-05-18]. http://www.travelagentcentral. com/travelagentcentral/article/articleDetail. jsp? id = 460284&pageID = 1&sk = &date =.

[218] Rushton J P, Chrisjohn R D, Fekken G C. The altruistic personality and the self-report altruism scale [J]. Personality and Individual Differences, 1981, 2: 293-302.

[219] Saarinen J. Traditions of sustainability in tourism studies [J]. Annals of Tourism Research, 2006, 33 (4): 1121-1140.

[220] Schwartz S H. Normative influences on altruism// [M] Berkowitz L. Advances in experimental social psychology New York: Academic Press, 1977.

[221] Schwartz S H, Fleishman J A. Effects of negative personal norms on help-

ing behavior [J]. Personality and Social Psychology Bulletin, 1982, 8: 81-86.

[222] Schwartz S H, Howard J A. Explanations of the moderating effect of responsibility denial on the personal norm-behavior relationship [J]. Social Psychology Quarterly, 1980, 43: 441-446.

[223] Selanniemi T. On holiday in the Liminoid playground: Place, time and self in tourism// [M] Bauer T, Mc Kercher B Sex and tourism: Journeys of romance, love and lust. Binghamton: Haworth Press, 2003.

[224] Sharpley R. Ecotourism: A Consumptive Perspective [J]. Journal of Ecotourism, 2006, 5 (1/2): 7-22.

[225] Sharpley R. Host perceptions of tourism: A review of the research [J]. Tourism Management, 2014, 42: 37-49.

[226] Sheppard B H, Hartwick J, Warshaw P R. The theory of reasoned action: A meta-analysis of past research with recommeddations for modifications and future research [J]. Journal of Consumer Research, 1988, 15: 325-343.

[227] Shugg J, Hewitt H, Cohen C, et al. Travellers' pulse survey [EB/OL]. [2017 - 06 - 23]. http: //www. tourism. australia. com/content/News% 20Centre/ Travellers Pulse Public. pdf.

[228] Sia S K, Jose A. Attitude and subjective norm as personal moral obligation mediated predictors of intention to build eco-friendly house [J]. Management of Environmental Quality, 2019, 5: 678-694.

[229] Sin H L. Volunteer tourism: "Involve me and I will learn"? [J]. Annals of Tourism Research, 2009, 36 (3): 480-501.

[230] Sin H L. Who are we responsible to? Locals' tales of volunteer tourism [J]. Geoforum, 2010, 41 (6): 983-992.

[231] Singh S, Singh T V. Pilgrimages to the Himalayas New horizons in tourism: Strange experiences and stranger practices [M]. London: CABI International, 2001.

[232] Singh T, Slotkin M H, Vamosi A R. Attitude towards ecotourism and environmental advocacy: Profiling the dimensions of sustainability [J]. Journal of Vacation Marketing, 2007, 13 (2): 119-134.

[233] Singh N. Exploring socially responsible behaviour of Indian consumers: an empirical investigation [J]. Social Responsibility Journal, 2009, 5 (2): 200-211.

[234] Sinkovics R R, Penz E. Social distance between residents and international tourists-Implications for international business [J] . International Business Review, 2009, 18: 457-469.

[235] Smith V L. Alternative/responsible tourism seminar [J] . Annals of Tourism Research, 1990, 17 (3): 479-480.

[236] Smith-Sebasto N J, D'Costa A. Designing a Likert-type scale to predict environmentally responsible behavior in undergraduate students: A multistep process [J] . The Journal of Environ mental Education, 1995, 27 (1): 14-20.

[237] Somyot W, Singal M, Murrmann S K. Socially responsible customers and the evaluation of service quality [J] . Journal of Hospitality & Tourism Research, 2014, 3: 1-24.

[238] Song H J, Lee C K, Kang S K, et al. The effect of environmentally friendly perceptions on festival visitors' decision-making process using an extended model of goal- directed behavior [J] . Tourism Management, 2012, 33 (6): 1417-1428.

[239] Stanford D. Exceptional visitors: Dimensions of tourist responsibility in the context of New Zealand [J] . Journal of Sustainable Tourism, 2008, 16 (3): 258-275.

[240] Stanford D. Responsible tourism, responsible tourists : What makes a responsible tourist in New Zealand? [D] . Victoria University of Wellington, 2006.

[241] Steenhaut S, Van Kenhove P. The mediating role of anticipated guilt in consumers' ethical decision-making [J] . Journal of Business Ethics, 2006, 69: 269-288.

[242] Steg L, Vlek C. Encouraging pro-environmental behaviour: An integrative review and research agenda [J] . Journal of Environmental Psychology, 2009, 29: 309-317.

[243] Steg L, De Groot J. Explaining pro-social intentions: testing causal relationships in the norm activation model [J] . British Journal of Social Psychology, 2010,49 (4): 725-743.

[244] Stern P C, Dietz T, Kalof L. Value orientations, gender, and environment concern [J] . Environment and Behavior, 1993, 25: 322-348.

[245] Stoddard J E, Pollard C E, Evans M R. The triple bottom line: A framework for sustainable tourism development [J] . International Journal of Hospitality & Tourism Administration, 2012, 13 (3): 233-258.

［246］Strahan R F, Gerbasi K C. Short, homogeneous versions of the Marlow-Crowne social desirability scale ［J］. Journal of Clinical Psychology, 1972, 28 (2): 191-193.

［247］Sudbury-Riley L, Kohlbacher F. Ethically minded consumer behavior: Scale review, development, and validation ［J］. Journal of Business Research, 2015, 69 (8): 2697-2710.

［248］Survey of Consumers in Brazil, Canada, China, France Germany, India, the UK and the US ［R］. 2008.

［249］Svenson O, Maule J. Time pressure and stress in human and decision making ［M］. New York: Plenum Press, 1993.

［250］Swarbrooke J. Sustainable Tourism Management ［M］. Oxon: CAB International, 1999.

［251］Tabachnick B G, Fidell L S. Using Multivariate Statistics (the 6th Edition) ［M］. New York: Harper Collins College Publishers, 2001.

［252］Tao C H, Eagles P F J, Smith S L J. Profiling Taiwanese ecotourists using a self- definition approach ［J］. Journal of Sustainable Tourism, 2004, 12 (2): 148-168.

［253］Tarde G. The laws of imitation ［M］. Oxford: Holt, 1903.

［254］Tasci A D A. Social distance: The missing link in the loop of movies, destination image, and tourist behavior? ［J］. Journal of Travel Research, 2009, 47 (4): 494-507.

［255］Tearfund. A call to responsible global tourism ［M］. London: Tearfund, 2002.

［256］Teng Y M, Wu K S, Liu H H. Integrating altruism and the theory of planned behavior to predict patronage intention of a green hotel ［J］. Journal of Hospitality and Tourism Research, 2015, 39 (3): 299-315.

［257］Thøgersen J. Norms for environmentally responsible behavior: an extended taxonomy ［J］. Journal of Environmental Psychology, 2006, 26 (4): 247-261.

［258］Tomazos K, Butler R. Volunteer tourists in the field: A question of balance? ［J］. Tourism Management, 2012, 33: 177-187.

［259］Trip Advisor. Trip Advisor travelers keen on going green ［EB/OL］. ［2017-05-16］. http: //www. tripadvisor. com/Press Center-i134-c1-Press_ Releases. html.

［260］United Nations Environment Programme（UNEP）and World Tourism Organization（WTO）. Making tourism more sustainable: A guide for policy makers［EB/OL］.［2018-08-17］. http: //www. unep. org/publications/search/pub_ details_ s. asp? ID=3566 Accessed 07. 04. 08.

［261］UNWTO. International tourist arrivals 2019［J］. World Tourism Baromter, 2020, 18（1）: 1-5.

［262］Van Riper C J, Kyle G T. Understanding the internal processes of behavioral engagement in a national park: a latent variable path analysis of the value-belief-norm theory［J］. Journal of Environmental Psychology, 2014, 38: 288-297.

［263］Vermeir I, Kenhove P V. The influence of need for closure and perceived time pressure on search effort for price and promotional information in a grocery shopping context［J］. Psychology & Marketing, 2005, 22（1）: 71-95.

［264］Waligo V M, Clarke J, Hawkins R. Implementing sustainable tourism: A multi-stakeholder involvement management framework［J］. Tourism Management, 2013, 36: 342-353.

［265］Wearing S. Volunteer tourism: Experiences that make a difference［M］. Wallingford: CABI, 2001.

［266］Wearing S, Neil J. Refiguring self and identify through volunteer tourism［J］. Society and Leisure, 2000, 23（2）: 389-419.

［267］Wearing S, McGehee N G. Volunteer tourism: a review［J］. Tourism Management, 2013, 38: 120-130.

［268］Weaver D B, Lawton L J. Overnight ecotourist market segmentation in the Gold Coast Hinterland of Australia［J］. Journal of Travel Research, 2002, 40（2）: 270-280.

［269］Webb D J, Mohr L A, Harris K E. A re-examination of socially responsible consumption and its measurement［J］. Journal of Business Research, 2008, 61（2）: 91-98.

［270］Webster F E. Determining the characteristics of the socially conscious consumer［J］. Journal of Consumer Research, 1975, 2（3）: 188-196.

［271］Wesley S C, Lee, M. Y, Kim E Y. The role of perceived consumer effectiveness and motivational attitude on socially responsible purchasing behavior in South

Korea [J] . Journal of Global Marketing, 2012, 25 (1): 29-44.

[272] Whetten D A. What constitutes a theoretical contribution? [J] . Academy of Management Review, 1989, 14 (4): 490-495.

[273] Wicker A W. Attitudes versus actions: The relationship of verbal and overt behavioral responses to attitude objects [J] . Journal of Social Issues, 1969, 25: 41-78.

[274] Woosnam K M, Lee Y J. Applying social distance to voluntourism research [J] . Annals of Tourism Research, 2011, 38 (1): 309-313.

[275] Wu S, Lin T C. Exploring knowledge sharing behavior of is personnel with theory of planned behavior [J] . Journal of Information Management, 2007, 14: 75-110.

[276] Yilmaz S S, Tasci A D A. Circumstantial impact of contact on social distance [J] . Journal of Tourism and Cultural Change, 2015, 13 (2): 115-131.

[277] Youn S, Kim K. Antecedents of consumer attitudes toward cause-related marketing [J] . Journal of Advertising Research, 2008, 48 (1): 123-137.

[278] Young D L, Goodie A S, Hall D B, et al. Decision making under time pressure, modeled in a prospect theory framework [J] . Organizational Behavior and Human Decision Processes, 2012, 118 (2): 179-188.

[279] Yu M, Cao D, Tan J Y. CSR-consumption paradox: Examination of UK apparel companies [J] . Journal of Fashion Marketing and Management, 2019, 23 (1): 124-137.

[280] Zhang Y, Wang Z, Zhou G. Antecedents of employee electricity saving behavior in organizations: An empirical study based on norm activation model [J] . Energy Policy, 2013, 62: 1120-1127.

[281] Zuckerman M, Reis H. Comparison of three models for predicting altruistic behavior [J] . Journal of Personality and Social Psychology, 1978, 36: 498-510.